《打造品牌不求人——微营销典型案例评析》编委会

新浪品牌传播丛书

总主编◇周　燕　殷　俊　赵郁松

打造品牌　不求人

——微营销典型案例评析

Dazao Pinpai Buqiuren

WEIYINGXIAO DIANXING ANLI PINGXI

主　编◇邓若伊　柴樱芝　马燕妮
副主编◇罗玉婷　冯夏楠　林　端
周婉馨　王　智　张月月

四川大学出版社

责任编辑：王　冰
责任校对：陈　蓉
封面设计：墨创文化
责任印制：王　炜

图书在版编目(CIP)数据

打造品牌不求人：微营销典型案例评析 / 邓若伊，柴樱芝，马燕妮主编. —成都：四川大学出版社，2015.9
（新浪品牌传播丛书 / 周燕，殷俊，赵郁松主编）
ISBN 978－7－5614－9008－2

Ⅰ.①打…　Ⅱ.①邓…　②柴…　③马…　Ⅲ.①网络营销　Ⅳ.①F713.36

中国版本图书馆 CIP 数据核字（2015）第 232907 号

书名　**打造品牌不求人——微营销典型案例评析**

主　　编　邓若伊　柴樱芝　马燕妮
出　　版　四川大学出版社
地　　址　成都市一环路南一段 24 号 (610065)
发　　行　四川大学出版社
书　　号　ISBN 978－7－5614－9008－2
印　　刷　郫县犀浦印刷厂
成品尺寸　135 mm×210 mm
印　　张　7.25
字　　数　210 千字
版　　次　2015 年 10 月第 1 版
印　　次　2015 年 10 月第 1 次印刷
定　　价　29.80 元

◆读者邮购本书，请与本社发行科联系。
电话：(028)85408408/(028)85401670/
(028)85408023　邮政编码：610065
◆本社图书如有印装质量问题，请寄回出版社调换。
◆网址：http://www.scup.cn

从“集体意志”到“群体智慧”

——“微媒体”的发展与“微社会”的建构

赵振祥

这是一个三大传统媒体从“宏观世界”全面收缩的时代，这又是一个微媒体创设“微世界”并迅速扩张的时代。传统媒体体现的是“集体意志”，它们曾经用高屋建瓴的眼光扫描和解读着世事沧桑，经营着资讯的“宏观世界”；而微媒体展现的则是“群体智慧”，如鱼翔雁行一样由无数的微小存在组织在一起，有意识或无意识地诠释着宏观的规律和意义。

一如“群体智慧”现象是生物界普遍存在的内在规律现象，微媒体近几年攻城略地势不可当，亦昭示着新闻传播的本质规律，那就是新闻本因具体而生动，依个体而存在，并由点而面地展开传播之路。按照美国《华尔街日报》报社流传的一句话：“一千万人的死亡只是一项统计数字，而一个人的死亡却是一场悲剧。”由新闻传播进而推及整个资讯传播，微媒体的发展大概就是遵循了这样一个规律：由个别而推及整体，由点滴而成就江海。概而生义不是微媒体所长，但“公民记者”们用微媒体在第一时间并各具角度地进行资讯采集和传播，却构成了全面而富有立体感的鲜活世界，并建构着“微世界”的真实性和真理性。它点滴渗透的能力无所不至，它攻坚摧强的能力莫之能先，传统三大媒体的领地被塌方式地攻陷，一边是惊慌失措，一边是无所顾忌的狂欢。

正是看到了微媒体在建构“微世界”中所展示的绝对力量，曾经把传统三大媒体视为公共关系核心的公关界也开始把视野转向微媒体和“微世界”，微营销遂应需而生。

在强势的传统三大媒体时代，媒体营销主要的工作对象就是“媒体”，稍具远见的公关人在着力建构媒体关系的同时，还会注意跨过媒体建构公共关系，而急功近利者则仅以搞定媒体为要义，媒体是公关的核心。而微营销完全打破了传统三大媒体时代的营销模式，因为在人人皆为媒体的微媒体、泛媒体时代，再奉行以媒体为核心的公关理念无异于与空气相搏击，你将找不到媒体，你已经不可避免而且是毫无遮拦地来与公众直接对话。公关人必须重新回归公共关系的本义，重新定位公关人与公众的关系，这一关系应该是坦诚的、双向互动的，而且在很多情况下几乎是点对点、面对面的。在这一关系下形成的生动而又高效的传播实践超越了以往任何的传播形式，它全面而深刻地丰富着人们的生活，也日新月异地改变着我们的社会。

新浪品牌传播丛书就是因应这一发展大势，抓取新浪微博中一些最典型的营销案例作为研究对象，通过大量的数据采集，通过对新媒体活动策划、线上线下互动交流、虚拟关系演进路径等的观察分析，对相关活动的传播效果进行评估，以管窥微媒体的营销实践，对微媒体的商业模式和互动体系进行较为深入的探讨。这些研究，丰富了微媒体环境下营销模式和品牌塑造的理论体系，为学术界尤其是业界开展微营销提供了一个很好的借鉴。微营销不再是也不应该只是纯粹的商业活动，把它放在微媒体和公共关系的大背景、大框架下来观照，它更是一种社会活动，是一种“微社会”的建构活动，内容生动，内涵丰富，视野广阔。相信随着这方面研究的不断深入，微媒体环境下的公共关系将迎来新一轮的理论创新和实践拓展。

（作者为中国新闻史学会副会长、厦门理工学院副校长、厦门大学新闻传播学院教授、博士生导师）

CONTENTS
目录

绪论

微博在中国

◤微博作为一种新兴的被广泛应用的社交媒体，以其短小多样的形式内容、快速和多向的传播、及时互动和多媒体终端的特点吸引了大批的网友、企业等受众群体，构架出了一个复杂而又庞大的网络社交平台。2006 年，美国推特的推出标识着微博这一新兴媒体形态的诞生；2007 年，饭否网创建了中国大陆第一个微博网站；2009 年，新浪微博开始内测，中国的微博时代开始崛起。◢

一、微博的传播特性

◆操作简易，收发方式多样

微博注册简单，网民只需填写电子邮件地址，设置登录密码，即可成为微博用户。在使用过程中，微博实行低门槛制：寥寥数语、发发感慨、情绪宣泄、灵感突现……即使没有受过严格中文训练的人，只要会发短信，就可以将自己的所思所想以只言片语的形式发送到个人微博上。简单的记录方式降低了对用户的文字功底要求，也节约了用户的时间成本，契合了现代社会快节奏的生活方式。同时，微博收发方式实现了多样化。用户既可以通过登录微博网站收发信息，又可以通过开放的 API 接口，连通第三方软件（QQ、Skype、Gtalk）或移动信息终端来传收信息。这些消息通过手机客户移动终端或第三方软件汇总到微博数据库后，所有用户都可以查看。

◆原创性强，叙事风格独特

微博的易于操作和低门槛进入制，吸引了众多的草根民众。简易的信息操作机制和随性的记录方式，催生了用户的个人表达欲。个体化、私语化的叙事风格在微博中较为凸显，大量原创性的内容爆发性地生产出来。一些源于普通民众的语句经过微博的传播后，被网民称为“经典”，丰富了百姓生活。如“石头记告诉我们：凡是真心爱的最后都散了，凡是混搭的最后都团圆了”；“是这样的，张总：你在家里的电脑上按了 CTRL+C，然后在公司的电脑上再按 CTRL+V，这是肯定不行的，即使同一篇文章也不行。不，不，多贵的电脑都不行。”

◆现时传播，占据信息发布制高点

2008 年 11 月印度孟买的恐怖袭击事件、2009 年 6 月迈克尔·杰克逊的死讯，都由 Twitter 首发。在国内，2008 年 5 月 12 日汶川地震后，当天下午 2 点 35 分 33 秒 Twitter 上出现第一条关于地震的消息，比彭博社、路透社等的通讯社电稿都要快；2009 年株洲高架桥坍塌事件中，身为摄影记者的火烨利用饭否网发表了“手机拍到的现场记录”，速度比新华社通稿更快……（赵民、张军锋：《社会运动中的 Twitter 现象——兼论 Twitter 的性质和发展方向》，载《新闻大学》，2009 年第 4 期）与 Twitter 相似，在对突发事件的报道上，微博简易的操作、便利的终端服务器，使其具备 4Any 特性（Anytime、Anywhere、Anyway、Anyone），信源多样，随时随地，任何人都可以成为信息的传送者。在对突发性事件的报道中，微博往往可以占据信息发布的制高点。

◆信息量大，呈几何式增长

用户对收到的信息可以进行转发，该用户的所有关注者 (followers) 都可以看到这条消息（消息前会注明“转发”）。如：

2008年11月印度孟买的恐怖袭击事件、2009年6月迈克尔·杰克逊的死讯，都由Twitter首发。在国内，2008年5月12日汶川地震后，当天下午2点35分33秒Twitter上出现第一条关于地震的消息，比彭博社、路透社等通讯社电稿都要快；2009年株洲高架桥坍塌事件中，身为摄影记者的火烨利用饭否网发表了“手机拍到的现场记录”，速度比新华社通稿更快。

用户 A 的所有关注者可以间接收到该用户的被关注者（followee）B 发来的特定消息。当用户 A 的关注者积累到一定程度后，这种转发功能使讯息在关注群体中迅速扩张，传播速度呈现几何增长。在某些名人微博中，我们可以看到名人利用转发功能为贫穷儿童筹资，为失散的家庭寻找亲人。微博几何式的传播不仅使信息赢得更多网民关注，还增加了用户的人气，取得了双赢效果。

二、微博的现在与未来

首先，微博在国内和国外的发展呈现出不均衡性。国外的许多政治人物都已经将 Twitter 作为推广政见的工具。如在美国，Twitter 作为奥巴马在竞选过程中和选民进行交流互动的工具，为奥巴马赢得了更多选民的支持；英国女王伊丽莎白使用“皇家 Twitter”账号，向追随者发布皇室活动消息、宣布声明等，以杜绝信息歪曲；流亡在外的泰国前总理他信也开设了 Twitter 账户；一些政府部门也将 Twitter 作为与民众及时沟通的工具。此外，国外很多传统媒介如 CNN、BBC、路透社、英国天空电视台、《纽约时报》《华尔街日报》等都开通了 Twitter，作为获得动态信息的媒介工具。而微博在国内的发展还处于预热阶段。2009 年 11 月 21 日，云南省政府新闻办开设了国内第一家政府官方微博 @ 微博云南。国内少数媒体如《南都周刊》《南方周报》虽然也在饭否网上开通了官方账号，但是随着饭否网的网站故障，这些媒体与微博的整合被迫中断。

其次，微博的用户不稳定，信息更新次数少。尽管微博或 Twitter 注册用户在迅速增长，但是多数用户每天更新信息次数少于一次。微博上大量的信息是由少数固定用户发送的，少部分用户（其中大都是名人）拥有大量的关注者，关注者中有大量的粉丝，这些粉丝很多是出于对名人个人生活的好奇和个性魅力的追随，当他们对名人关注度有所下降时，微博的发展就会受到影响。所以，目前国内微博的发展欠缺足够的动力机制，发展模式还在探索阶段。

技术门槛趋近于零，文本发送简洁化，时间成本微乎其微，这使得微博的使用者几乎是以零成本的优势来显示信息。但是信息发送的低门槛和低成本，也使部分微博使用者过度上传信息。信息机制的不健全，使得微博信息鱼龙混杂、重复超载，为信息接收者对信息的有效提取增加了难度。现阶段微博上传信息的零边际成本部分时候面临着利用信息的高昂边际成本，即网民在日常生活中发发感慨可被看作利用微博进行低成本的社会交往，但是如果真正把微博作为一种媒介使用的话，其在突发性事件报道中出现的细节断层，对事件完整性和真实性的缺失等问题则使其社会传播功能大打折扣。人们在对微博缺失信息进行补充的过程中，可能一无所获，可能耗费大量的社会成本。

上述问题的存在势必会使微博在以后的发展过程中设定相关的管理措施和把关机制。新形式的微博应该是在相应管制下的微博，应该是兼具自由与责任的微博。

三、微博在中国

中国国内出现得最早的微博是 2007 年创建的饭否网，但由于各种原因，微博在当时并未大范围流行。2009 年，新浪微博的出现谱写了中国社交网络的新篇章，全国有上亿网民注册了新浪微博，成为微博的忠实用户。新浪微博的成功让国内的网络媒体行业看到了新的发展方向。随后，腾讯、搜狐、网易等大型门户网站也开始创建微博网站并逐渐形成不同的风格特点。微博在近几年来发展十分迅速，巨大的用户量使得微博成了中国网民普遍使用的自媒体，其出色的娱乐功能不断引发全民式的“狂欢”。

2012 年 3 月，一组名为“杜甫很忙”的系列图片在微博上流传，在这组图片里，创作者通过手绘涂鸦的方式，对教科书上杜甫的插画进行了再创作。据查证，这组图片的原画来源于人教版高二语文课本中《登高》一诗的插画，可以说，凡是经历过高中时代的人都对此画印象深刻。在画中，杜甫表情略显忧郁地坐在一块石头上，头部微微向上仰起，似乎有无限心事想要表达。但经过一系列的再

创作后，杜甫忧国忧民的形象被颠覆了。图中的杜甫时而变身为哈利·波特，时而变身为娇羞的姑娘，时而变身为蝙蝠侠……各种颠覆性的形象与传统文化和传统观念发生了碰撞，新鲜搞笑的创意引来众多网友的吐槽和围观，也引发了一轮又一轮的再创作风潮。

“杜甫很忙”的风潮也带来了社会各界对此次事件的思考和反思。在此次事件中，微博传播成了事件传播和发展的关键因素，为大众提供了传播阵地。微博和个人随时随地发布信息紧密相连，它以少量文字、声音、图片和视频多元组合的表达方式承载起普通个人的观点、情绪、态度、行为。微博来源于大众，并依靠使用者而生存。在此次事件中，以微博为主的自媒体充当了主要的传播渠道。主要通过一些知名度较高或粉丝量较多的博主发布，然后传播给受众，受众被杜甫系列图片的搞笑和创意所吸引，再进行转发和

传播……如此循环传播，引起了杜甫系列图片的高转发率，获取了大规模的受众量。

2012年11月24日，中国首艘航母“辽宁舰”成功起降歼-15舰载机。在起降过程中，经由媒体的图片和视频传播，舰载机指挥员的指挥动作引起了广大网友的浓厚兴趣，24日，网友们开始积极模仿这个动作并在网络上发布模仿的照片。“航母Style”的动作要领为“侧屈腿，食指和中指指向飞机起飞方向，其余手指握拳，左手后背，脸背对起飞方向”，动作干净、有力、帅气。25日，航母Style登上中央电视台（简称央视）新闻联播。新闻联播提出：“航母Style”的走红，背后是祖国的日益强大和群众的自豪之情。微博为“航母Style”的走红提供了必需的技术手段和参与平台。微博的发展，使每个人都有机会成为信息的发布者，而不仅仅是传统意义上的接收者。通过微博，每个人不仅能够方便地接收信息，还能够便捷地传播信息。在“航母 Style”走红的过程中，网友们通过大众媒体和各类自媒体收看到“辽宁舰”起降歼 –15 舰载机的视频或图片，之后通过微博等自媒体参与到模仿“航母 Style”的活动中。

四、微博与品牌

市场营销专家菲利普·科特勒对品牌的定义为：一个名词、名称、符号或者设计以及他们的组合，其目的是识别某个销售者或群销售者的产品或劳务，并使之同竞争对手的产品或者劳务区别开来。随着品牌价值的日益提升，企业对品牌的塑造和营销方式的改变也在不断探索中。微博等媒介新形态出现以后，品牌拓展的渠道得以拓宽，但一般企业还是习惯以传统营销方式为主，微博营销为辅。然而随着微博用户数的不断增加，新媒介平台功能带来了质的变迁，受众需求和市场现状在无形中发生转变。从传播学“使用与满足”理论的视角审视，受众被看作有着特定“需求”的个人，他们的媒介接触活动被看作基于特定的需求动机来“使用”，从而使这些需求得到“满足”的过程。通常情况下，当受众发觉其生活中某一重要需求已经无法被传统媒体满足，而某一新媒体可能满足这一目的需求时，人们便会开始采纳并持续使用新媒体。微博媒介的独特性能够满足传统媒体和其他互联网媒介所不能满足的功能，所以其社交性互动能够吸引用户在权衡需求后选择继续使用它。微博等自媒体的出现凸显了以人为中心的品牌打造理念，充分运用微博这个看似小的平台，可以产生意想不到的大效果。

第一章

内容微营销：塑造公信力

The first chapter

第一节　微博内容营销概述

1. 内容微营销的内涵

内容营销在近几年开始逐渐成为各企业、媒体最关注的营销方式之一。根据 2013 年 4 月来自全球新闻网站 Mail Online 的调研，有 70% 的品牌和 77% 的广告代理 2012 年从事了与内容营销相关的广告活动。传统意义上的内容营销包括品牌 LOGO、传播内容、线下活动等，但受限于方式相对单一的传统传播，消费者只能被动地接受品牌理念。而在数字营销时代，内容营销之所以

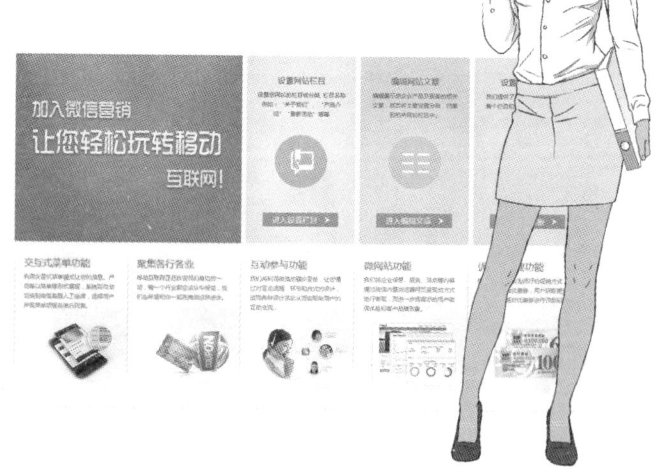

更重要，是因为互联网内容的延伸内涵、变化形式更多，品牌有更多机会通过消费者可接受且喜爱的内容，来实现与消费者的双向沟通和互动。

随着互联网技术的不断进步，以微博等新媒体为载体进行的内容营销应运而生。在互联网时代的内容微营销中，传播者和受众之间的传播关系是双向互动的，其高度的互动性可以使传播者在第一时间获取受众的反馈信息，了解受众的真实诉求，从而抓住受众的核心需求，改进自身品牌的建设策略，令品牌更具吸引力和影响力。内容营销的重点在于内容，微博是以传播信息为本质的自媒体，信息内容的价值和吸引力决定了传播的效果。移动互联网的迅速发展，为微博这一自媒体提供了得天独厚的优势，通过移动互联网，微博能够将视频、音频、图片等信息快速融合并发布，为内容微营销提供传播阵地。在中国，移动互联网的广泛使用已经极大地改变了广大消费者的生活习惯，微博可以利用广大消费者的网络行为模式进行内容微营销，帮助自身树立良好品牌。

2. 内容微营销的特点

（1）营销成本较低。

通常而言，品牌的营销可以通过在报纸、杂志或户外刊登广告，在电视、广播插播广告等方式进行，这些营销方式由于使用得较为频繁，竞争十分激烈，营销成本较高，而营销的效果也往往非常有限。在网络信息高度发达的今天，越来越多的企业和品牌开始注重微营销这一新兴的营销方式。进行微营销，只需要在微博、微信等平台注册账号，就可以以各种各样的方式进行信息的推送，从而实现品牌的推广。内容微营销的推广可以是隐性的，既可以通过编写有看点的文案进行传播，也可以通过对热点事件的讨论、参与进行宣传。这样，企业和品牌只需要支出很少的费用，就可以实现品牌的推广与营销。

（2）营销内容扩散快。

内容微营销的平台是以微博、微信、论坛等互联网社交媒体为依托的网络平台，营销的内容一旦开始被关注和转发，就能够实现

快速、大范围的传播，从而提高品牌的知名度。在微博这一平台，名人与“大V”拥有上万的粉丝，信息一旦被他们转发，就会立刻被所有的粉丝看到；而粉丝自身也拥有或多或少的关注者，他们的再次转发又可以促进信息的进一步扩散。这样不断扩散下去，会引发指数倍的传播速度和扩散速度，使得微营销内容快速被大范围网友知晓。

（3）营销互动性高。

自媒体是一种参与式媒体，所以以微博、微信等自媒体为载体的微营销也是一种参与式营销，即受众可以以第二或第三方的身份加入、融入传播活动。它改变了传统信息传播过程中受众被动接受信息的行为方式，变被动接受为主动参与。它带来了信息流动方式的多元化，使点对点、点对多、多对多的传播成为可能。在微营销的内容传播中，每个人都可能成为一个传播的中心点或者发起点开展连续的传播活动，个人是传播者，是创造信息、制作信息、把关信息和发布信息的主体。在“7·23”高铁事故中，大众可以转发和评论，还可以@自己的好友进行分享。高铁事故在再创作事件中融入了大众的观点和建议。

第二节 典型案例及评析

一、雅安地震

★事件概述

“4 · 20”雅安地震是北京时间 2013 年 4 月 20 日 8 时 02 分于四川省雅安市芦山县（北纬 30.3 度，东经 103.0 度）发生的 7.0 级地震，震源深度 13 公里，震中距成都约 100 公里。成都、重庆及陕西的宝鸡、汉中、安康等地均有较强震感。据雅安市政府应急办通报，震中芦山县龙门乡 99% 以上房屋垮塌，卫生院、住院部停止工作，停水停电。截至 2013 年 4 月 24 日 10 时，共发生余震 4 045 次，3 级以上余震 103 次，最大余震 5.7 级；受灾人口 152 万，受灾面积 12 500 平方公里。

据中国地震局网站消息，截至 24 日 14 时 30 分，四川省芦山“4 · 20”7.0 级强烈地震共计造成 196 人死亡，21 人失踪，11 470 人受伤。另据央视报道，四川省政府新闻办公室 24 日下午举行第七次新闻发布会。关于受灾情况，会上通报，截至 24 日 12 时，地震已造成 2 310 486 人受灾，已转移安置 237 655 人。

2013 年 4 月 20 日（周六）早上 8:02 分地震发生后，新浪重庆全部新闻编辑迅速到岗，于 8:08 分时开始报道雅安地震，是重庆第一家发出地震信息的媒体，同时借助新媒体力量一直关注寻人信息，尽可能满足大灾面前人们的信息需求，也因此给网站带来巨大的流量。随后，新浪重庆根据雅安寻人微博集合寻人信息，不断进行更新，并由新浪重庆官方微博 @ 新浪重庆 发出。由于新浪重庆是第一个做出寻人集合帖的媒体，帖子先后被多家媒体转发，转发量过两万。与此同时，新浪重庆还发布了爱心企业捐助号召微博，获得了多个企业的积极响应，许多企业主动与新浪重庆联系进行捐助。其中包括重庆第一熟食品牌有友，有友捐助了四车价值 50 万的物资运往灾区。新浪重庆凭借敏锐的洞察力及快速的反应能力，在这次公共事件中起到了积极的作用，不仅为广大网友及时提供了大量的相关信息，满足了受众对信息的需求，还通过微博等平台组织了一系列社会公益活动，为社会贡献了力量。

★案例亮点：

◆快速洞察，及时反映

2013 年 4 月 20 日（周六）早上 8:02 分地震发生后，新浪重庆全部新闻编辑迅速到岗，于 8:08 分时开始报道雅安地震，是重庆第一家发出地震信息的媒体。当日 8 点 13 分，新浪重庆官方微博发布消息："# 突发 #【四川雅安发生 5.9 级地震】中国地震台网自动测定：04 月 20 日 08 时 02 分在四川省雅安市雨城区附近（北纬 30.1 度，东经 103.0 度）发生 5.9 级左右地震，最终结果以正式速报为准。（via@ 人民日报 ）重庆主城感到强烈震感，吊灯在摇晃！愿一切安好。" 8 分钟后，新浪重庆官方微博又发出了一条确切消息，更正了震级："# 雅安地震 #【雅安发生 7 级地震】中国地震台网正式测定：04 月 20 日 08 时 02 分在四川省雅安市芦山县（北纬 30.3 度，东经 103.0 度）发生 7.0 级地震，震源深度 13 千米。”随后的时间内，雅安发生了多次余震，新浪重庆官方微博也及时转发了人民日报及中国地震台网公布的余震相关信息：“【又有余震！4.1 级！网友称手机已打不通】中国地震台网自动测定：04 月 20 日 08 时 37 分在四川省雅安市天全县附近（北纬 30.0 度，东经 102.9 度）发生 4.1 级左右地震，最终结果以正式速报为准。via@ 人民日报”“# 四川 420 地震 #【四川又发生多次余震！大家小心】综合 @ 中国地震台网速报：四川雅安市多地先后发生 5.1 级、4.8 级、4.1 级、3.6 级，3.1 级地震。”（见图 1–1）

在当今信息网络技术空前发达的背景下，网络媒体凭借其信息发布的快捷性、广泛性吸引了越来越多的受众参与到了网络信息的传播过程中。对于地震这一类突发事件而言，由于事件本身破坏力强、影响范围广，事件的关注度也是日常新闻事件所不能比拟的。公众迫切地想要获取相关信息，从而确认自身的环境安全程度。对于此类突发事件，传统媒体由于自身条件的限定，通常需要较长的时间进行采访、编辑、排版、印刷，才能将信息公布出来。而新浪重庆在雅安地震事件初期，正确地使用了微博这一新媒体作为主要

阵地进行信息的扩散和传播，使得信息能够在得到确认后的第一时间立刻发布，提供了公众所急需的信息，及时安抚了社会公众的情绪，发挥了新闻媒体应有的社会功能。

#突发#【四川雅安发生5.9级地震】中国地震台网自动测定：04月20日08时02分在四川省雅安市雨城区附近（北纬30.1度，东经103.0度）发生5.9级左右地震，最终结果以正式速报为准。（via@人民日报）重庆主城感到强烈震感，吊灯在摇晃！愿一切安好。

#雅安地震#【雅安发生7级地震】中国地震台网正式测定：04月20日08时02分在四川省雅安市芦山县（北纬30.3度，东经103.0度）发生7.0级地震，震源深度13千米。

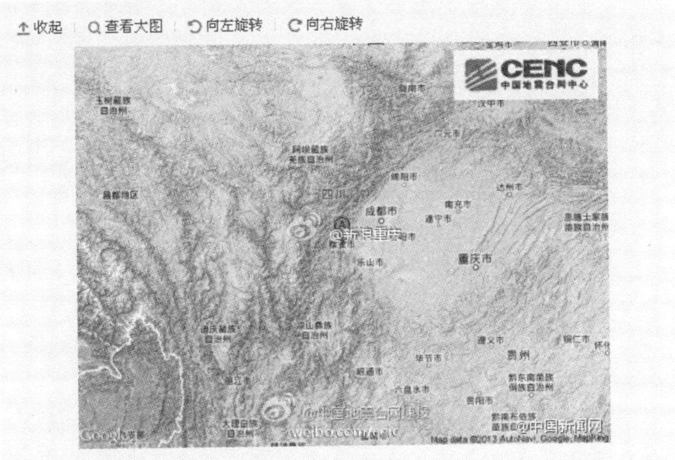

2013-4-20 08:25 来自 微博 weibo.com

【又有余震！4.1级！网友称手机已打不通】中国地震台网自动测定：04月20日08时37分在四川省雅安市天全县附近（北纬30.0度，东经102.9度）发生4.1级左右地震，最终结果以正式速报为准。via@人民日报 地震最新消息：网页链接

@新浪重庆

#雅安地震#【雅安发生7级地震】中国地震台网正式测定：04月20日08时02分在四川省雅安市芦山县（北纬30.3度，东经103.0度）发生7.0级地震，震源深度13千米。

2013-4-20 08:25 来自 微博 weibo.com　　转发 2480 | 评论 274 | 24

2013-4-20 08:44 来自 媒体版微博

图 1–1

◆消息准确，来源权威

在“4·20”雅安地震事件中，新浪重庆的官方微博所转发或转载的消息大多来源于权威机构，消息准确，可信度高，为维护特殊时期的网络舆论稳定起到了重要作用。雅安地震当日，新浪重庆官方微博发布的第一条有关雅安地震的微博消息来源于人民日报，随后对震级的更正信息来源于中国地震台网的正式测定。当日 9 点 41 分发布的庐山县的死亡人数信息来自于雅安市人民政府新闻办公室。10 点 51 分，所转发的 @ 渝小新 的微博（见图 1–2）：“# 雅安 7 级地震 #【四川省地震局初步统计地震已伤亡上百人】记者刚从四川省地震局获悉，据省地震局初步统计，雅安芦山地震已伤亡上百人。”其信息由四川省地震局统计。10 点 38 分，发布微博（见图 1–2）：“# 雅安 7 级地震 #【快讯：已确认 10 人遇难】人民日报记者张忠从四川雅安应急办公室了解，目前已确认，雅安地震已致 10 人死亡。目前，通往灾区的道路中断，正在抢修。”消息来源于人民日报记者张忠。10 点 48 分，@ 新浪重庆 转发微博：“# 雅安 7 级地震 #【乘坐重庆北站列车的童鞋注意了！】据 @ 重庆交巡警 据重庆北站发布公告：因受四川雅安地震影响，为保证列

车运行安全，铁路部门正在对线路进行检查。影响重庆北站列车不能正点开出。”消息来源于重庆北站发布的公告。下午 14 点 48 分，@新浪重庆 再次发布了新的伤亡人数统计信息：“# 雅安 7 级地震 #【71 人】国家地震局消息，目前死亡人数已达 71 人，具体伤亡人数还在进一步统计中。”信息来源于国家地震局。

从以上案例可以看出，在涉及关键信息时，新浪重庆均采取了严谨客观的工作态度，积极从各个部门获取相关信息，从而保证所公布信息的准确性和真实性。在重大的突发事件中，严谨和客观的工作态度十分重要。一方面，重大的突发事件一般破坏性强，影响范围广，媒体所发布的相关信息应尽量做到准确和真实，以避免对事件的夸大，避免引发社会恐慌；另一方面，对事件的隐瞒不报或虚假报道也会导致社会上不安定情绪的产生，为社会安定埋下隐患。而新浪重庆在地震事件中对各方面信息的及时跟进报道提升了事件的透明度，从源头上遏制了谣言的产生，为维护社会安定贡献了重要力量。

#雅安7级地震#【最新消息：芦山县死亡两人】据雅安市人民政府新闻办公室，芦山县死亡两人，一人在县城，一人在龙门。通往灾区的救援通道正在疏通，应急救援已展开。雅安挺住！地震最新消息：网页链接

#雅安7级地震#【四川省地震局初步统计地震已伤亡上百人】地震最新消息：

网页链接

@渝小新

#雅安7级地震#【四川省地震局初步统计地震已伤亡上百人】记者刚从四川省地震局获悉，据省地震局初步统计，雅安芦山地震已伤亡上百人。地震最新消息：网页链接

收起 | 查看大图 | 向左旋转 | 向右旋转

#雅安7级地震#【快讯：已确认10人遇难】人民日报记者张忠从四川雅安应急办公室了解，目前已确认，雅安地震已致10人死亡。目前，通往灾区的道路中断，正在抢修。via 人民日报

雅安7级地震

4月20日8时2分在四川省雅安市芦山县（北纬30.3度，东经103.0度）发生

话题详情　+ 关注

2013-4-20 10:38 来自 微博 weibo.com

图 1-2

◆**心系公益，民间互动**

新浪重庆在地震发生后借助新媒体力量一直关注寻人信息，为社会公益做出了突出贡献。新浪重庆在第一时间抢注寻人微博“雅安寻人”，根据雅安寻人微博集合寻人信息，实时由 @ 新浪重庆发布寻人信息。事发当日 9 点 48 分，雅安寻人官方微博发出了第一条微博：“【雅安寻人】成雅高速开辟应急救援车道，请非紧急车辆尽量绕行。@ 重庆移动 ：雅安地震，请把宝贵的通信资源留给生命救援。川渝一家，请亲们暂时不要反复拨打四川的电话，多用短信联系。也可将寻人信息集中发布到这一账号，我们将以最快速度梳理后一一公布。”9 点 59 分，该官方账号发布微博：“雅安的朋友们，如果您的手机有信号，那么请您快快告诉我们您的位置、震感和看到的破坏情况。从重庆的震感看，此次地震损失不会小。请有震感的朋友参加评论，无感的朋友只转发不要评论，请有感的朋友注明地点、震感程度和看到的破坏程度。请速扩散！ @ 中国国际救援队”随后，该微博开始持续发布众多网友的寻人或求助信息（见图 1–3）。

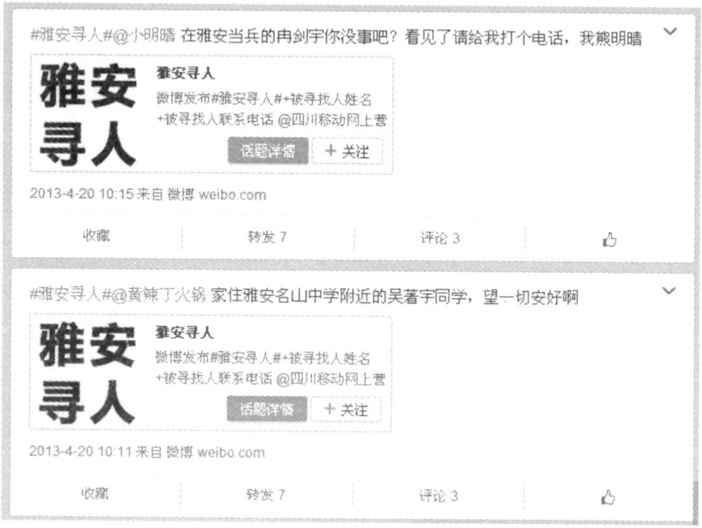

#雅安寻人#@小明晴 在雅安当兵的冉剑宇你没事吧？看见了请给我打个电话，我熊明晴

雅安寻人

雅安寻人

微博发布#雅安寻人#+被寻找人姓名+被寻找人联系电话 @四川移动网上营

话题详情 + 关注

2013-4-20 10:15 来自 微博 weibo.com

收藏 转发 7 评论 3

#雅安寻人#@黄辣丁火锅 家住雅安名山中学附近的吴著宇同学，望一切安好啊

雅安寻人

雅安寻人

微博发布#雅安寻人#+被寻找人姓名+被寻找人联系电话 @四川移动网上营

话题详情 + 关注

2013-4-20 10:11 来自 微博 weibo.com

收藏 转发 7 评论 3

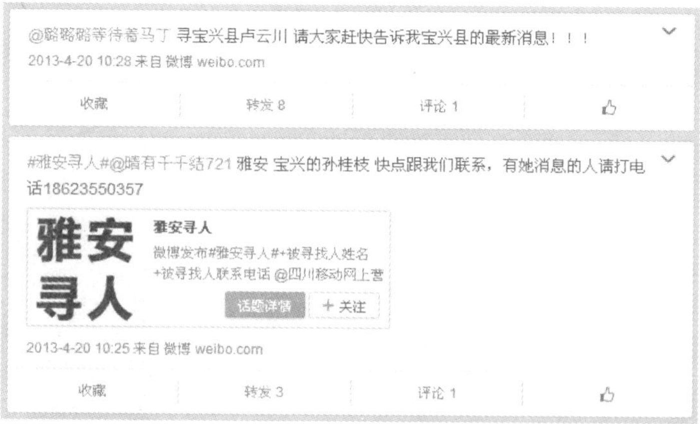

@略略略等待着马丁 寻宝兴县卢云川 请大家赶快告诉我宝兴县的最新消息！！！

2013-4-20 10:28 来自 微博 weibo.com

收藏 转发 8 评论 1

#雅安寻人#@晴有千千结721 雅安 宝兴的孙桂枝 快点跟我们联系，有她消息的人请打电话18623550357

雅安寻人

雅安寻人

微博发布#雅安寻人#+被寻找人姓名+被寻找人联系电话 @四川移动网上营

话题详情 + 关注

2013-4-20 10:25 来自 微博 weibo.com

收藏 转发 3 评论 1

图 1–3

这些寻人微博被多个“大 V”转发，转发者包括：Super131组合成员、张馨予、彭于晏、天才小熊猫等。寻人微博还被多家媒体转发，转发过两万。运营成熟后转交给新浪四川操作，随后中国青年报和新华社也根据寻人微博进行了采访报道。可以看出，新浪重庆在此次突发事件中不仅关注对事件本身的及时报道，还十分重视为人民服务的理念，雅安寻人微博话题切实地帮助了众多的受灾人民，也为社会大众提供了一个关注和关心当地受灾群众的平台。该微博通过大量的转发和传播，迅速将寻人信息扩散到大范围的民众中，不仅能够帮助大家寻找亲朋好友，也可以帮助当地民众及时发布求助信息，为灾区人民带去温暖和希望。

★事件评析

◆把握时代脉搏，发挥微博优势

随着互联网技术和信息技术的不断进步，人类社会已经开始朝着信息化社会迈进，以网络为代表的各种新兴科技不断涌入人们的生活。我们可以毫不夸张地说，现代人类的生活已经与互联网技术密不可分，人们开始充分利用互联网，也开始依赖互联网。中国也不例外，中国社会科学文献出版社曾发布报告称，2015 年中国网民数量将超过 8 亿，中国当前的微博作者数量居全球之最。截至 6 月 30 日，中国 2.74 亿人拥有微博账号，而 2010 年的该数字为 6 300 万。新浪无疑是目前我国新媒体行业中的佼佼者，截至 2012 年 12 月底，新浪微博注册用户数已超过 5 亿，同比增长 74%；日活跃用户数达到 4 620 万，微博用户数与活跃用户数保持稳定增长。

新浪重庆在“4・20”雅安地震中的表现堪称新媒体传播典范。新浪重庆充分利用和发挥了微博这一新媒体阵地的优势和特点，应对突发性重大事件进行了一系列的快速报道，使得广大网友在第一时间获取了与事件相关的准确信息。相对于报纸等传统媒体而言，微博在传播速度上具有先天优势，新浪重庆利用微博可以将经过核实的信息迅速发布，并通过网友的转发使阅读范围呈指数倍增长，

实现了地震相关信息的快速广布，为社会公众提供急需的信息，及时安抚了社会的情绪，发挥了新闻媒体应有的社会功能。

◆恪守媒体操守，提供真实信息

突发性的社会重大事件一般来说都具有破坏性强、影响范围广等特点，在相关信息的传播过程中一旦某个环节出现问题，如信息发布不及时、信息发布不全面等，就很容易导致谣言的滋生。重大事件的透明度越低，社会的猜疑情绪就会越普遍，就更容易产生谣言。谣言中对事实的夸大和扭曲很容易引发公众的恐慌情绪，从而造成一系列难以预料的不良后果。所以说，在雅安地震事件的信息传播中，各媒体恪守职业操守，尽可能及时地为公众提供真实准确的信息，最大化地杜绝了不良信息的产生和传播。

新浪重庆对待雅安地震事件的相关信息发布的态度十分严谨，关键性的信息和数据均来源于人民日报、中国地震局等官方机构，保证了信息的准确性和消息的权威性，为广大的社会公众提供了真实可靠的信息，为树立自身的权威形象打下了坚实的基础，也为打造新浪重庆这一正面的品牌形象赢得了关注度及广泛的好评。

◆贴近百姓，实现民间对话

在4·20雅安地震事件中，传统媒体对事件的报道大多是单向的，很难实现与广大受众的互动交流，传统媒体似乎包裹着一层冰冷的“外衣”，与社会和人民始终保持着较远的距离。与传统媒体不同，微博等新媒体最大的特点之一就是其强大的互动功能，网友与官方媒体之间、网友与名人之间、网友与网友之间可以通过转发、评论、私信等方式实现即时对话。@新浪重庆、@渝小新、@雅安寻人 等官方微博通过与网友的互动将网友的求助信息或其他相关信息发布在微博上，以一种更为亲切的方式贴近大家、帮助大家。

二、周克华枪案

★事件概述

2014 年 8 月 14 日，新浪重庆发出一条新闻——《杀人嫌疑犯周克华已被重庆军警击毙》：“最新消息：据央视，经过全市公安机关四天四夜的不懈努力，8·10 暨苏湘渝系列持枪抢劫案犯罪嫌疑人周克华已于今日六时四十分许在沙区童家桥一家皮鞋厂内被重庆军警击毙。”

2004年以来，周克华流窜重庆、湖南、江苏等地，持枪作案 10 起，打死 10 人、打伤 6 人，抢劫巨额财物和一支 81-1 自动步枪。“8·10”案件发生当日，重庆全市开展集中清查行动，公安部发出 A 级通缉令和紧急通知，部署全国警方特别是重庆周边省市的查缉、布控和堵截工作。186 万余份通缉令遍布全城，电视、广播、都市户外电子屏都不断地滚动播放着周克华的清晰头像、通缉令和巨额悬赏。从重庆“8·10”枪击抢劫案发，到周克华被击毙，中间的 93 个小时，成为全国关注焦点。至此，横跨苏、

湘、渝，8 年作案 10 起，枪杀 10 人、伤 6 人的国内特大系列持枪抢劫杀人案成功告破。

周克华事件是新浪重庆站新闻频道重点运营的一个事件，其运营方式采用新闻、微博、社区三核驱动，从抢热点、抓重点新闻至及时跟进突发，将整个事件的动态转化为站内的流量，其更新速度和质量远胜过竞争对手大渝网。

★案例亮点

◆及时跟进突发，实现快速反应

2012 年 8 月 10 日 9 时 34 分，重庆沙坪坝区一银行储蓄所门前发生一起持枪抢劫杀人案。嫌犯周克华打死 1 人、打伤 2 人，抢走死者的浅黄色女式单肩大挎包，逃离现场后，搭乘“摩的”逃逸。重庆市公安局 2012 年 8 月 10 日下午发布通告，确认嫌犯为沙坪坝区井口镇二塘村人周克华，并公布其外貌特征及身份证号，悬赏 50 万元号召群众提供直接线索“抓获或击毙案犯”。公安部随后也发布 A 级通缉令，确认周克华系持仿“五四”式手枪枪击杀人后，抢走死者随身财物后潜逃，同时悬赏 10 万元。

当日，新浪重庆新闻频道发布了 10 余篇相关新闻报道，公布了各地警方对周克华的缉捕通告，号召市民发现疑犯后及时报警。8 月 11 至 8 月 13 日，新浪重庆新闻频道对警方行动展开了一系列的跟进报道：《专业人士称活捉重庆持枪嫌犯可能性不大》《重庆警方围山搜捕嫌犯》《重庆湖南警方联手追捕周克华》《围捕周克华一铁警牺牲》《重庆枪击案发生后军警彻夜严控歌乐山》《三道包围圈封山捕恶魔》《图集：警方发现疑似犯罪嫌疑人周克华藏匿的山洞》……新浪重庆的新闻频道与官方微博对事态的发展始终保持高度的关注，及时更新和公布相关的信息，尽可能地把信息在第一时间提供给广大的市民（见图 1-4）。

公安部对苏湘渝系列枪击案嫌犯周克华发A级通缉令 时报快讯-证券时扌
证券时报网（www.stcn.com）08月10日讯（犯罪嫌疑人周克华照片）据中广网泸
山康居苑中国银行储蓄所门前发生一起持枪抢劫杀人案。

重庆警方：发现持枪抢劫案犯周克华可短信报警 时报快讯-证券时报网2
com）08月10日讯 重庆市公安局新闻发言人办公室今天通报：市民在发现案犯周
信报警12110。

重庆发生持枪抢劫案 嫌犯曾杀死杀伤多人 正义网 2012-08-10 20:23:00
重庆市公安局发布了缉捕这起持枪抢劫案犯罪嫌疑人的通告。警方认定犯罪嫌疑
、湖南、重庆等地多次作案，杀死杀伤多人，抢劫巨额现金。

公安部对苏湘渝系列枪击案嫌犯发A级通缉令 中国广播网 2012-08-10 2

下午，重庆市公安局发布关于缉捕犯罪嫌疑人周克华的通
在江苏、湖南、重庆等地多次作案，杀死杀伤多人，抢劫

集：警方发现疑似周克华藏匿山洞 新浪 2012-08-12 10:53:17
"血案发生后，围捕疑犯周克华的行动在重庆全城展开。自案发当日下午起，

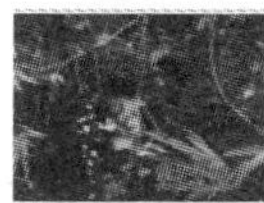

集：警方发现疑似犯罪嫌疑人周克华藏匿的山洞 其他 2012-08-12 1
"血案发生后，围捕疑犯周克华的行动在重庆全城展开。早报记者11日从有关
派大量警力展开搜捕行动。

庆警方围山追捕周克华 晨报 2012-08-12 09:39:12
"8·10"持枪抢劫杀人案发生后，警方查明，嫌犯周克华从2004年至今先后在重
其枪下。目前，"苏湘渝系列持枪抢劫杀人案"已并案侦查。

图 1–4

◆新闻、微吧、微博三位一体报道

在事件的持续发热中，周克华事件新浪重庆运营团队采用新闻、微吧、微博三位一体的方式进行报道，新闻摘取当天热点，微吧采集新闻热点相关爆料，微博在微博平台报道，扩大影响力，并采访警员进行微访谈。

2012 年 8 月 10 日，新浪重庆网络频道先后发布了多篇新闻，公布了重庆市公安局对犯罪嫌疑人周克华的缉捕通告。随后 4 天内，新浪重庆网络频道对事件一直保持高度的关注，先后发布了多篇新闻跟进事态发展：《增兵歌乐山地毯式搜悍匪》《重庆警方全力围捕“8·10”枪击案嫌犯周克华》《枪击案后第 4 日重庆警方继续封山搜疑犯》《湖北悬赏 50 万抓捕周克华重庆警方仍重兵布控歌乐山》《全国追捕周克华悬赏金超 500 万元》《图集：重庆警方封山搜捕系列枪击案嫌犯》《苏湘渝三地制造多起枪击案大

2012年8月10日，新浪重庆网络频道先后发布了多篇新闻，公布了重庆市公安局对犯罪嫌疑人周克华的缉捕通告。随后4天内，新浪重庆网络频道对事件一只保持高度的关注，先后发布了多篇新闻跟进事态发展：《增兵歌乐山 地毯式搜悍匪》、《重庆警方全力围捕“8·10”枪击案嫌犯周克华》、《枪击案后第4日 重庆警方继续封山搜疑犯》、《湖北悬赏50万抓捕周克华 重庆警方仍重兵布控歌乐山》、《全国追捕周克华悬赏金超500万元》《图集：重庆警方封山搜捕系列枪击案嫌犯》、《苏湘渝三地制造多起枪击案 大批警力赴歌乐山增援围捕周克华》

sina新浪重庆
cq.sina.com.cn

批警力赴歌乐山增援围捕周克华》……2012 年 8 月 14 日周克华被击毙后，新浪重庆网络频道在一天内发布的相关新闻共有 200 余篇，信息均来源于各官方媒体。

14 日上午 8 点 10 分，新浪重庆发布了新闻《多地持枪抢劫案嫌犯周克华今晨被击毙》：据重庆市 @ 江津区交巡警 官方微博刚刚发布的消息：8·10 暨苏湘渝系列持枪抢劫案犯罪嫌疑人周克华已于今日六时四十分许在沙区童家桥一带被击毙（见图 1–5）。

随后，新浪重庆发布系列新闻，公布了事件的详细经过，并在之后的几个月内持续关注事件的讨论，先后发布相关新闻 2 000 余篇。

多地持枪抢劫案嫌犯周克华今晨被击毙

2012年08月14日08:10 人民网

大 中 小 全文浏览

人民微博V：据重庆市@江津区交巡警 官方微博刚刚发布的消息：8.10暨苏湘渝系列持枪抢劫案犯罪嫌疑人周克华已于今日六时四十分许在沙区童家桥一带被击毙。

2012-08-14 07:59 来自微博 weibo.com 转发(146) | 收藏 | 评论(41)

据重庆市@江津区交巡警 官方微博刚刚发布的消息：8.10暨苏湘渝系列持枪抢劫案犯罪嫌疑人周克华已于今日六时四十分许在沙区童家桥一带被击毙。

图 1–5

在微博的阵地上，新浪重庆也在紧密关注事态的发展。2012 年 8 月 10 日，新浪重庆官方微博 @ 新浪重庆 转发了 @ 渝小新 的微博：“# 重庆发生持枪抢劫案 #【沙区枪案嫌犯锁定周克华警方悬赏 50 万征集线索】。”8 月 12 日，@ 新浪重庆 发布了微博：“# 重庆发生持枪抢劫案 #【高新区袭击哨兵抢枪案确定周克华为嫌犯】2009 年 3 月 19 日高新区某驻渝部队营房，一名歹徒蒙面持枪袭击致 1 名哨兵身亡，随后抢走步枪 1 支。嫌犯信息一直成谜。直到现在，周克华才被确定为枪杀哨兵案的嫌犯。”8 月 14 日 10 点，@ 新浪重庆 发布了周克华被击毙的信息：“# 重庆持枪抢劫案犯被击毙 #【重庆警方披露击毙周克华细节】8 月 14 日 6 时 50 分，周克华被警方击毙。据了解，今晨，有便衣民警发现周克华踪迹并开始跟踪，随后双方发生交火，周克华被三名警员击毙，有警员受轻伤。击毙周克华的现场至少开了三枪，周克华携带了两把手枪。”随后一天内，@新浪重庆 先后发布了多篇微博对事件进行跟进报道。8月17日，@新浪重庆 发起了关于此事件的微访谈，由警员答疑。8月20日，针对网络上传播的各种谣言，@新浪重庆 转发了 @长沙警事 的辟谣公告：“#周克华之死#【严正辟谣】对故意造谣引发严重后果的，公安机关将依法追究其法律责任。”此后官方微博对周克华事件的相关信息保持关注，先后发布了多条相关微博（见图 1–6）。

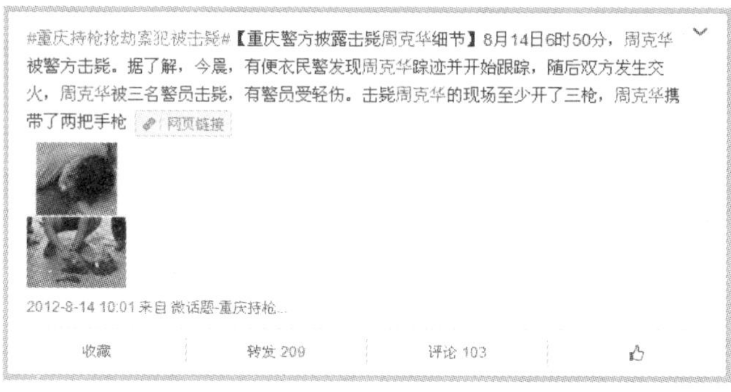

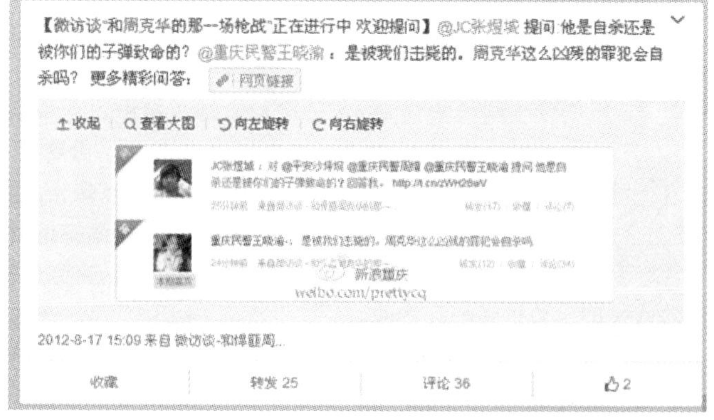

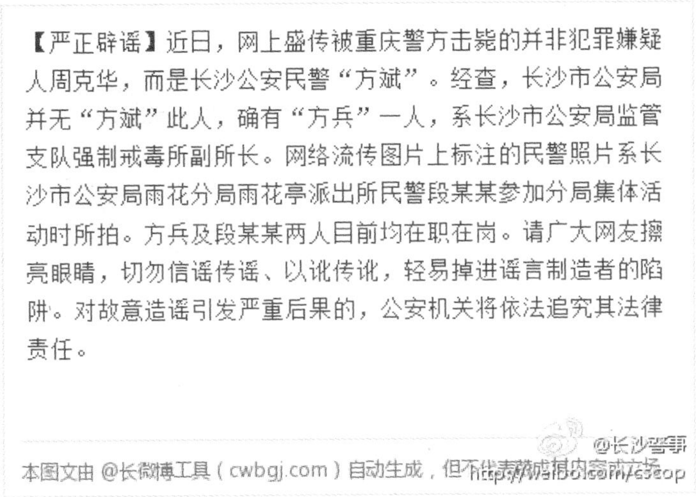

【严正辟谣】近日，网上盛传被重庆警方击毙的并非犯罪嫌疑人周克华，而是长沙公安民警“方斌”。经查，长沙市公安局并无“方斌”此人，确有“方兵”一人，系长沙市公安局监管支队强制戒毒所副所长。网络流传图片上标注的民警照片系长沙市公安局雨花分局雨花亭派出所民警段某某参加分局集体活动时所拍。方兵及段某某两人目前均在职在岗。请广大网友擦亮眼睛，切勿信谣传谣、以讹传讹，轻易掉进谣言制造者的陷阱。对故意造谣引发严重后果的，公安机关将依法追究其法律责任。

@长沙警事
http://weibo.com/cscop

图 1-6

◆重视网络舆论，积极开展辟谣工作

周克华被击毙后，网络上开始出现各类谣言，极力捏造各种“证据”，宣称周克华被击毙是警方作假，煽动部分群众产生对政府和人民警察的不信任情绪，严重影响了社会秩序，为社会安全和稳定埋下了隐患。针对此类危害性较大的谣言，新浪重庆及时开展了辟谣工作，先后在网站、微博等平台进行全方位的深度辟谣。

2014 年 8 月 11 日，网上有一名网友发消息称：“死去的‘周克华’其实是湖南长沙的便衣警察陈子河……求辟谣。”此消息后面还附上了一条网络链接。此谣言的产生源于网上很多网友对被击毙的周克华的身份的质疑，他们运用贴图等方式指出，死者装束尤其是背的小黑包，与照片中站在尸体旁边的便衣警察们背的很像，有网友从便衣们在疑犯被击毙后并不兴奋甚至有些不快的神情，推导出此事可能是同行互轰的误会。基于这样的判断，有所谓法医网友比对公布的周克华肖像与死者头部、肩部、耳朵形状的异同，并发布出来，众多的人看了之后，更觉得自己的质疑是对的。

对于网络谣言，警方的重视程度显然不够，反应速度较慢。8 月 14 日，重庆警方通报称，核对死者的 DNA 后显示死者就是周克华。新浪重庆官方微博立刻发布了这一消息："# 周克华被击毙 #【核对死者 DNA 就是周克华】重庆警方刚刚通报，通过对在案发现场提取的弹壳进行比对，确认案犯在银行门前使用的手枪，枪杀民警的手枪系重庆 2009 年 3 月 19 日枪杀哨兵案做案的用枪，通过遗留弹壳 DNA 检验认定与周克华相同。"新浪重庆其他官方账号也在第一时间转发了该微博。8 月 17 日，@ 新浪重庆 再次发布辟谣微博："【民警首次回应警号不一致：为配合采访借同事警服穿】8 月 17 日下午 14 点，@ 新浪重庆 特邀击毙周克华的两名民警做客微访谈。网友提问："为何当天警服上的警号不一致？"民警回答："在执行任务时穿的是便衣，后来为配合采访需求，向同事借了警服。当时确实没时间回单位换自己的警服。"由此解释了网络上质疑很大的警服问题。8 月 20 日，@ 新浪重庆 发布微博："【重庆否认被击毙者系便衣警察称质疑可笑】

据新京报消息，日前，网传重庆警方击毙的“周克华”是前往重庆协助办案的长沙便衣民警陈子河。对此，长沙警方表示，没有长沙民警在重庆伤亡，也没有叫陈子河的民警。重庆市公安局称，网上质疑周克华未被击毙的信息纯属误解与造谣。”同日，新浪重庆 @ 渝小新 发布微博：“【网爆周克华尸体大图】据南方都市报音视频制作部副主任 @ 谭伟山 爆料：死者确实是周克华，不是谣传的陈子河。有图有真相！”并附上了网络链接，增加了事实的可信度。21 日，@ 渝小新 发布了长沙警方的辟谣消息：“【长沙警方辟谣周克华被顶包网传民警“方斌”查无此人】昨天 18:02，长沙市公安局官方微博 @ 长沙警事 发布辟谣帖称：“近日，网上盛传被重庆警方击毙的并非犯罪嫌疑人周克华，而是长沙公安民警‘方斌’。经查，长沙市公安局并无‘方斌’此人。”（见图 1–7），彻底打击了谣言。新浪重庆新闻频道也在谣言发生后发布了多篇新闻稿进行辟谣，对谣言的产生和传播进行了深度的剖析，深度地打击了谣言，捍卫了真相。

@新浪重庆

【重庆否认被击毙者系便衣警察称质疑可笑】据新京报消息，日前，网传重庆警方击毙的"周克华"是前往重庆协助办案的长沙便衣民警陈子河。对此，长沙警方表示，没有长沙民警在重庆伤亡，也没有叫陈子河的民警。重庆市公安局称，网上质疑周克华未被击毙的信息纯属误解与造谣。 网页链接

收起 | 查看大图 | 向左旋转 | 向右旋转

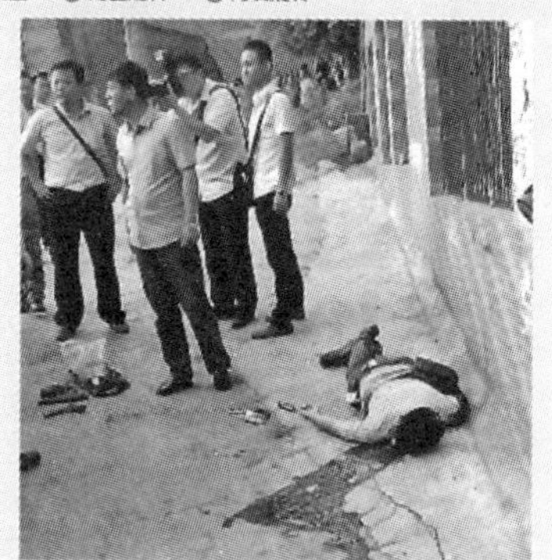

【网爆周克华尸体大图】据南方都市报音视频制作部副主任@谭伟山 爆料：死者确实是周克华，不是谣传的陈子河。有图有真相！相关消息请见： 网页链接

收起 | 查看大图 | 向左旋转 | 向右旋转

2012-8-20 13:27 来自 专业版微博

【长沙警方辟谣周克华被顶包 网传民警"方斌"查无此人】昨天18:02，长沙市公安局官方微博"长沙警事"发布辟谣称：近日，网上盛传被重庆警方击毙的并非犯罪嫌疑人周克华，而是长沙公安民警"方斌"。经查，长沙市公安局并无"方斌"此人。详见： 网页链接

2012-8-21 10:28 来自 专业版微博

图 1–7

★事件评析：

周克华系列案件手段十分残忍，影响极其恶劣，严重威胁了我国公民的人身安全，危害了我国社会的稳定，全国上下对此高度关注。8 月 10 日周克华再次犯案后，警方将目标锁定在了重庆歌乐山一带，重庆市当地媒体及新闻机构有责任也有义务对事件进行详尽的报道，把事实呈现在大众面前。新浪重庆作为新浪设立在重庆的站点，对事件的始末保持了高度关注，将周克华案作为重庆站新闻频道重点运营的一个事件，采用新闻、微博、社区三核驱动，从抢热点、抓重点新闻到及时跟进突发，将整个事件的发展动态转化为站内的流量，其更新速度和质量远胜过竞争对手大渝网。

在事件的持续阶段，周克华事件运营团队采用新闻、微吧、微博三位一体的方式进行报道，新闻摘取当天热点，微吧采集新闻热点相关爆料，微博在微博平台报道，扩大影响力，并采访警员进行微访谈。三位一体的运营方式尽可能大范围地触及了广大的网络用

户，使得长期活动在论坛、微博、贴吧或新闻频道的网络用户都可以及时获取相关资讯。与此同时，三位一体的运营方式也保证了信息的多样化快速传播，网络用户可以在不同的平台上利用转发、转载、评论等方式进行交叉性的相互传播。在谣言产生的阶段，这种方式更能快速有效地覆盖网络舆论阵地，消除网络死角，令真相以最快的速度大白于天下。

事件运营结束后整个新浪重庆站点的日均访问量突破了历史峰值，后续保持在过往流量的3倍以上，说明事件本身提升巩固了站点影响力，固定访问人群倍增。其中由新浪重庆组织的击毙周克华民警微访谈，引来全国各地媒体的关注，竞相落版，极大地扩展了新浪重庆在全国范围内的影响力。

可以看出，在对周克华事件进行及时、全方位、深层次的跟踪报道后，新浪重庆不仅为重庆地区乃至全国范围的受众提供了真实可靠的新闻信息，与此同时，新浪重庆的品牌价值也得到了充分的肯定，其可信度、权威性、专业性均得到了进一步的提升，也因此获得了更多的读者。

第二章

公益微营销：提高附加值

The second chapter

第一节　微博公益营销概述

随着我国经济水平的不断提高，社会的公平性机制逐步提升，“公益”开始以一个显著的姿态进入人们的视野。公益一词来源于英文单词“Public Welfare”，五四运动期间由日本学者翻译后传入我国，可以理解为“公众利益”。现代社会，我们说起公益，总是将其与慈善机构联系起来。慈善一词最早出现在《魏书·崔光传》，中国最早的官办慈善机构可以追溯到唐朝。发展到现今，慈善机构已经成为完整独立运作的系统，是政府聚集社会资源，实现对弱势群体救助的主要方式，而公益也成为个体、组织、企业和政府共同谋求大众利益或帮扶弱势群体的实践行为。公益行为是以大众福祉和帮扶友爱为出发点的，倡导“真、善、诚”的积极价值观，无论发起主体是政府、组织还是企业，往往都可以得到一定范围的响应，产生良好的社会效果。特别是作为社会重要组成部分的企业，在追求经济利益的目标之时也肩负着社会责任，进行公益活动可以在履行企业职责的同时，也为大众树立“敢于承担，勇于奉献”的企业形象，公益成为企业树立形象和品牌传播的重要选择。随着新媒体技术的高速发展，特别是基于web2.0技术的社交媒体出现，公益的传播主体、传播方式、信息受众及传播效果都产生了颠覆性的变化。这些变化让公益成为企业品牌打造的双刃剑，从“郭美美事件”给中国红十字会带来不可挽回的负面影响到“拯救白血病女孩鲁若晴”带来的全民参与效应，微公益的能量不可小觑。了解微公益自身发展的新变化、新类别及新方式，是公益成为品牌力量的必经之路。

一、微公益的新特点

微博作为“个人信息即时共享综合平台”正在深刻改变中国社会，无论是政治生活、经济生活还是日常生活，微博的影响力无处不在。中国“微时代”纪元开始到来，“微招聘”“微话题”“微活动”“微基金”方兴未艾。基于微博平台的公益活动也被人们定义为微公益。微公益与传统公益比较而言，依托的平台发生了革命性的变化，其传播方式和传播要素都具有全新的特点。传统公益是以社会场域为依托，以传统媒体为渠道，以“口号式”的宣传方式实现信息流通，因官方的权威性和公信力，可以达到一定范围的强效果，但自上而下的宣导方式不但透明度不够，也难以最大化汇聚民众的力量。微博等互动式社交媒体的出现，融合人际传播、群体传播和大众传播的特点，使公益活动也呈现出了互联网时代的新常态。

1. 微公益发起主体的多元化

在传统公益活动的视域下，只有政府、企业和组织机构可以作为活动的发起者。随着自媒体时代的到来，个人的力量开始发挥重要的作用，微博平台上的认证“大V”们担起意见领袖的职责，凭借自身的社会影响力和粉丝的关注度，通过评论、转发等嵌套式的量级传播，让活动在短时间内引起广泛共鸣，获得较好的社会效果。2010年，媒体人梁树新在新浪微博发起了“铅笔换校舍”的创意活动，得到了网友的积极响应；2011年，中国社会科学院于建嵘教授开设了“随手拍照解救乞讨儿童”的官方微博，救助被拐儿童一时成为社会热议的话题，打拐行动也引起了各级公安部门的重视和全国网民的关注。从邓飞发起“爱心午餐”到孙海龙的“老兵回家”，从王克勤的“大爱清尘”到微博名人“作业本”发起的拯救白血病女孩鲁若晴，微博意见领袖的公益之举拉开了个人作为活动发起者的序幕。

2. 微公益组织方式的众筹化

“众筹”是来自商业领域的概念，主要是指由发起人、跟投人和平台共同构建的对具有创意及市场前景的事物进行群体募资。公益本身是一种群体募资行为，但脱离网络的“众筹”由于组织方式的固化而缺乏灵活性。在融合多种传播途径的互联网时代，微公益的众筹效应最大化。微公益的发布，信息受众范围广，层次丰富，“众人拾柴火焰高”的聚集效果尤其明显。据相关数据显示，凡是公益主体关注的是社会弱势群体，活动内容与医疗救治、乡村教育、灾难互助等主题相关，都能快速引起受众的共鸣，且网络传播打破地域、时间的限制，使得公益的实现快捷方便，只需要通过信息的转发、点赞等微小的行为，就可能完成一项公益活动，容易激发和提高受众的参与度。

3. 微公益活动过程的全透明化

“公益”本身是以正义之名开展的社会活动，如果在公益的过程中出现了善款不明、用途不当、结果不公正等情况都会极大地伤害受众的积极性。网络监督平台的建立，使得网友更加关注善款的动向和公益的行为，公益从发起到结束都被放在透明化的机制下，微公益平台的透明化也极大地促进传统公益在监督制度和行为上的完善。“郭美美炫富事件”对中国红十字会的负面影响值得公益机构不断反思，虽然事实证明郭美美与红十字会并无关系，但公众对于官方公益的质疑，也从侧面反映机构组织的公益活动让参与者缺乏安全感和信任度，公益进程的公开化程度不够，对事实的透明度和监督力有待提升。具有互联网特征的微公益，也要借助平台特有的属性和优势建立完善的监督机制，让公益活动真正在阳光下展开。

二、微公益营销的类别与实施

微公益营销是借助微公益内容，以实现产品推广、企业形象包装、品牌塑造等为目的的营销活动，一般分为商业性质和非商业性质。微公益营销的主体企业的主要目标是获取经济利益，但企业天

然承担的社会责任也在鞭策其发挥积极的效应。因此，部分企业热衷于公益活动，以非商业性方式参与公益，在回馈社会的同时也于无形中获得公众口碑，树立了企业和品牌形象。如加多宝集团在汶川地震时以远超其他企业的捐款数额获得了网友的关注，随后获得网友一致的良好口碑。加多宝通过这一事件树立了中国负责任企业的形象，甚至出现了支持加多宝、支持中国品牌的舆论风潮，一时之间，加多宝的季度销售额度呈现大幅度上涨。当然，公益也可以作为商业化的营销活动，以推广产品、提升盈利为主，以服务大众为辅。微公益营销以微博的社交媒体作为互动平台，可以根据主体与互动方式的不同分化出不同的类别，其实施的特点也存在差异。

1. 以企业为主，借助新闻事件挖掘公益热点

面对群体性、突发性、灾难性事件时，需要社会多方力量共同参与，这时，企业既需要履行自己的社会责任，也可以借此提升社会关注度。2011 年北京暴雨，北京各大交通要塞被雨水堵塞，一时间各大主流媒体、微博都是有关暴雨的信息。与官媒不同，新浪微博上网友对北京暴雨的关注更加多元，既有大量民众被困施救的信息，也有民众自我调侃“来北京看海”“以后在北京要买游艇”等无奈情绪的发泄，杜蕾斯公司充分将该事件中民众的需求与产品特性相结合，通过个体发博与官方转发的形式，为人们呈现杜蕾斯安全套当作鞋套，避免雨水浸湿的独特构思，该博一经发布，20 分钟转发量达到 10 000 条，三天后达到 90 000 条，覆盖面达到近 5 000 万新浪微博用户。当我们纷纷在为杜蕾斯巧妙的微营销赞叹时，却忽视了其核心的要素，即在灾难性突发事件中从服务的思维出发，贡献企业的力量，不管这种力量是否与产品相结合，以何种形式进行传递，其传播效果往往是正向积极的。若能够及时地将不同事件的特点与产品直接产生联系，体现产品特性，自然将会达到传播效果和企业口碑的双赢。

2. 联合媒体平台，企业提升公益活动的显示度

在媒体这一社会公器，特别是自媒体社交平台上，网友通过诉求开展公益活动的事件很多；在新浪、搜狐、腾讯等微博平台都有专门的公益频道，媒体根据自身的公信力，整合多方资源，往往能将公益活动转化成舆论热点。企业在营销过程中，选择恰当的时机和事件介入，提供支持，彰显企业品牌在热点话题中的显示度，可以达到良好的营销效果。上述的加多宝营销即充分利用了央视汶川地震救助晚会和新浪微博的平台，突出了公益的话题，形成勇于担当的口碑效应。

3. 利用微博平台人际传播的特点，打造企业主的“名人秀场”，使公益深入人心

在微博平台下，公益通过嵌套式传播，将个人诉求迅速转化成公众事件。企业在了解这一特性时，注重对自身企业主的个人形象和品牌打造，使企业负责人的形象成为产品的名片，在微博“大V”遍地开花，微博意见领袖话语权即关注度的社交媒体时代，企业主的公益行为会产生不可预知的蝴蝶效应。从小米手机的雷军、创意工厂的李开复到SOHO中国的潘石屹，无不占有了微博名人秀场这块阵地。如在冰桶挑战公益活动中，对“渐冻人”的关注演发成全民公益，也是得益于微博名人的参与，这再一次证明了微博个体的打造也是微营销中不可忽略的方式。

三、微公益营销成功的关键要素

在微公益营销畅行的时代，无论以何种方式开展，都需要遵循一定的实施规律，掌握这一规律有助于我们更好地认识、运用微公益营销。

1. 受众需求不在于“挖掘”而在于“发现”

在众多营销理论中，对受众需求的满足与发掘是为所有经营者所重视的，然而公益的特殊性质决定了它与其他商品的售卖是不一

样的。打动人心的前提是能够了解受众的需求，受众的需求更多的在于敏锐地发现，而不是刻意地“策划”。市场竞争的激烈性让很多企业有意识地传播事件、发起活动，对于公益也是一样。而公益的本质是维护弱势群体的利益，达到利益平衡的实际效应，它所消费的不是纯粹的物质，而是公众的怜悯、同情等情感方面的精神寄托。这些寄托如果不来源于真实的世界和足够的需求，而是在主体的策划中被动地实行“公益”，就会产生欺骗感，结果也会适得其反。因此所有公益活动的发起，都是我们看到某一个群体或者个体的实际需求，而这一需求是在人们共同努力，并在付诸行动可达到的范围内，通过合理的渠道和人物发起的，才能成形，并达到传播的积极效应。

2. 内容传播不在于“策划”而在于“真实”

对于公益的成败，形式是锦上添花，内容才至关重要。“温暖”是公益带给大众的真实感受，也是企业主们必须正视的价值内核。在故事、人物真实的基础上，公益带来的是工业化社会变革后人们很难体悟的真情实感。无论是在微博上号召的“让环卫工人早日回家过年”还是网友发起的“为白血病女孩鲁若晴捐款”的公益善举，对故事主人公的人文关怀以及故事本身的励志元素都是能够真切打动受众的，使人们可以在虚拟的环境中感受到温度，这才是公益营销形成规模性、广泛性和共鸣性的关键。

3. 传播渠道不在于“多元”而在于“互动”

在微公益营销的五大传播要素中，传播渠道也呈现出一定的规律性。在大数据时代下，人们的现实世界和网络世界被数据所连通，信息达到了全方位的覆盖，信息传播渠道的界限不断模糊，往往信息传播处于重复叠加的状态，而要达到良好的营销效果，使全民关注微营销，不仅是需要信息覆盖渠道的全面化，而且传统媒体与新媒体之间必须产生互动。互动包括话题的不断衍生，如在某一公益活动中，可以创造新的话题，新媒体与传统媒体在对话题的报道中相互回应，引发社会性的讨论。当然，这里的话题互动并不鼓励企业人为地引发争议，以负面报道博取眼球，因为这样最终会被公众抛弃，不但有损公益的真正内涵，也无法达到品牌传播的目标。

总之，企业在践行微公益营销时，应明白其内涵的真正价值在于服务大众，平衡利益，而不是以盈利为首要目标。只有真诚地履行企业社会职责，才能赢得口碑，实现营销的经济价值。

第二节 典型案例梳理

一、1 公斤计划

★事件概述

“1 公斤计划”是新浪重庆策划发起的帮助重庆奉节县农民滞销脐橙的公益活动，活动本身具有典型性，效果良好。活动的官方微博发布信息后，21 天转发 20 494 条，评论 3 949 条；参与转发的名人有陈坤、李冰冰、李云迪、杨幂、黄小蕾、张一白等 10 人，名人微博账号粉丝总数 4 593 万；21 家企业参与爱心认购，企业也发布微博：网友转发一次，企业再多买一公斤。活动进行 21 天，3 万吨脐橙基本售完，销售金额超过 1 亿元。据统计，因宣传影响力大，活动期间其脐橙传统销售渠道销量同比去年每天增加约 400 吨。

活动背景：重庆奉节，全球八大脐橙特产生态区之一，是中国脐橙发祥地。果实饱满、无籽多汁、鲜甜可口，经常食用可降低血脂、分解脂肪。由于全国柑橘产量增长，销售周期缩短，加之果农在春节前惜售错过销售黄金期，致使仍有约 3 万吨脐橙挂在果树上未能售出。挂树鲜果如果在 5 月前仍不能售出，将会给果农带来重大经济损

失，约 3 万果农的一年收入将付诸东流。3 月 8 日，新浪重庆了解到奉节脐橙滞销消息后，第一时间与当地政府联系，核实信息并了解滞销原因。3 月 20 日，经过前期的沟通了解，新浪重庆借助“微博”在网上发起一场声势浩大的公益行动“1 公斤计划”，并取得良好效果。

★案例亮点

◆活动进展节奏感强，渠道融合度高

“1 公斤计划”是由新浪重庆发起的纯公益性质活动，从 3 月 8 日获得消息启动到 4 月底左右活动收官，历时两个月，整个活动分三个主体、四个阶段有序进行，严格控制活动进程的节奏感，能够抓住每个阶段的关键时间节点，整合资源，扩大传播效果。

	3月08日-19日	3月20日-25日	3月26日-4月5日	4月05日后
	筹备期	蓄势期	活动期	收官期
新浪	调查信息真实性，让政府出具授权函，事先落实联动媒体，申请筹备相关资源	搭建专题，向总部申请内广资源，内部成立项目组精分工推进项目	线上，多渠道联动名人直接带动种子微博转发。线下，销售找企业定沟通认购	为网购出现问题，督促政府解决，县长微访谈，答谢会
政府	政府根据新浪要求出具公函，证明活动真实性并承诺价格、物流、配套政策的稳定性	落实物流和相关配送环节的执行，安排专人随时对接售买双方信息	线上做好微博相关答疑，线下跟进终端和企业认购配送	对网购出现问题诚恳道歉，接受微访谈、举办答谢会
其他	淘宝网和京东商城开始铺设网络店铺以满足日后外地朋友的网购需求	网购渠道开通，爱心企业开始认购，各大媒体开始主动报道	外地农贸基地主动联系奉节政府购买，西南大学学生积极参与活动	企业/网友/媒体代表到奉节参加答谢会，为明年奉节脐橙发展献策

图 2-1

从图 2-1 可知，在“1 公斤计划”活动中，新浪重庆在筹备、活动和收官期充分整合了渠道资源，每一个环节的内容传递也依次递进。在环节制定上注意三个方面：一是确定总负责人。事先明晰

分工，过程督促执行，做好各环节可能出现的最坏情况的预案。二是活动前认真核实情况。与政府合作，一定要其出具书面公函，以免遇到问题后媒体和企业自身被动。三是建立媒体联盟。在移动互联时代，一定要与同行竞合而非竞争，非特殊情况，千万别吃独食。同时注重受众的反馈与需求，通过不同渠道完成对受众需求的了解和满足。微博进行主体活动，搭建两种实施渠道：一是网友通过转发奉节政务的求助微博，让更多爱心人士看到，以便他们通过奉节政府的官方网店（淘宝店）购买；二是爱心企业认购，并根据转发数量再进行增购，企业转发奉节的官方求助的微博后，其他人再转发企业的这条微博，每转 1 次，企业就多认购 1 公斤，进而形成裂变效应。所有通过“1 公斤计划”购买的奉节脐橙，价格都与市场价差不多，不会高价销售，也不会果贱伤农。同时，政府发挥组织能力，做好活动实施的相关保障。整个活动中新浪重庆整合了政府、媒体、电子商城（淘宝、京东）平台，从信息调查确保事件真实性，政府提供政策支持，策划专题获取广告资源，线上线下活动互动到媒体、企业与政府的答谢会，环环相扣，为活动的实施开拓多元渠道。

随着“1 公斤计划”的影响不断扩大，越来越多的媒体主动找

网购平台与媒体联盟（见图 2–2）：

据不完全统计，淘宝和京东商城，活动期间，累计售出近 30 万公斤

图 2-2

到新浪重庆来共同助推该活动，发挥它们的力量，让更多人了解奉节脐橙，帮助果农渡过难关。截至 4 月 5 日，央视财经频道、重庆晨报、华龙网、都市热报、新女报、交通广播、重庆电视台均已加入爱心报道联盟。

媒体报道示例（见图 2–3）：

华龙网

设为首页 收藏 ENGLISH 日本语

华龙美品 特约

3天卖掉50吨脐橙 “1公斤计划”继续加油

2012-03-23 09:27:36 来源：华龙网-重庆晨报

华龙网讯 转发一次微博，企业就购买1公斤脐橙。日前，启动的“新浪微博1公斤计划”，得到了社会爱心单位和个人的热烈关注，他们纷纷行动起来，帮助奉节脐橙果农渡过难关。

企业纷纷采购

昨日，奇火锅也加入了“1公斤计划”，董事长谢莉在新浪微博发出了“为爱加油”的帖子。帖子称：“奇火锅基础认购1000公斤奉节脐橙，该条微博每被转发一次，我们增加1公斤认购！每

明星接力助推公益 “1公斤计划”微博转发过万(图)

2012-03-20 17:57:30　来源：华龙网　转发至 华龙微博

张一白转发微博，支持“1公斤计划”，网络截图

重慶晨報

WWW.CQCB.COM

2012年3月22日 星期四

父母卖了我？小周苦闷了16年

“我们各门店想大量采购春节脐橙，做鲜果汁”

乡村基、远东超市等纷纷咨询3万吨晚熟脐橙的情况，不少热心市民也想购买

图 2-3

新浪重庆专题见图（2-4）：

奉节脐橙因晚熟滞销

学生校园义卖 滞销总靠公益？

没问题！从成都发的奉节脐橙是正宗的

记者实地调查发现，原是奉节县政府委托成都一公司代理运营网店，所有脐橙都产自奉节

奉节脐橙一公斤计划 意献＞

奉节脐橙贴有注册商标

工人正在翻箱检查。

10余人进行翻箱检查

明星献爱心 陈坤李云迪力挺家乡脐橙

图 2-4

专题页面：

该专题 3 月 20 日正式上线，分为活动简介区、政府公告区、媒体报道区、爱心认购榜、微博滚动区等版块，每日更新，让参与者能及时了解活动动态。截至 4 月 5 日，专题总流量是 72 052，新浪重庆原创稿件 12 条、幻灯图片 1 组，转发华龙网稿件 2 条、重庆晨报稿件 9 条。

内部广告资源（见图 2–5）：

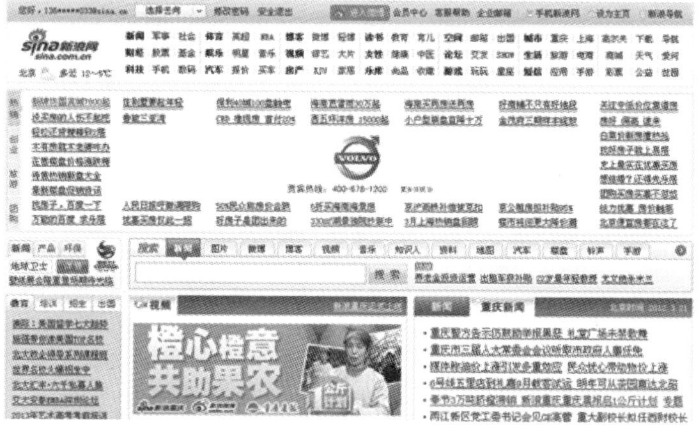

新闻　重庆新闻　北京时间:2012.3.21

- 重庆警方告示仍鼓励举报黑恶 礼堂广场未禁歌舞
- 重庆市三届人大常委会会议听取市政府人事任免
- 媒体称油价上涨引发多重效应 民众忧心带动物价上涨
- 6号线五里店到礼嘉9月载客试运 明年可从茶园直达北碚
- 季节3万吨脐橙滞销 新浪重庆重庆晨报启1公斤计划 专题
- 两江新区党工委书记会见GE高管 重大副校长拟任西财校长
- 重庆卫视暂无广告招商计划 代理商称改变或在6月
- 旅游公司董事长来渝向受伤游客道歉 相关责任人被处理
- 世界睡眠日：看看山城街头众生睡姿相(组图)
- 重庆梁平县一引线厂发生燃爆 事故已致2死3伤
- 云博会22日南坪开幕 全球飘来一朵朵高科技云
- 寝室女生聚会晒男友 学得好难比嫁得好引激辩 网友热议
- 22岁大学生成正教授级研究员 数学界人士提醒勿捧杀
- 4分钟微电影微博疯传 无数漂泊在外重庆人被打动
- 保安猥亵两名7岁女童被批捕 供认作案时手摸兴奋
- 网络相亲现重口味 女嘉宾扮"人肉名片夹"(图)
- 少女患怪病瘫痪 疑与宠物长期接触遭包虫病蚀骨
- 白领晒薪酬吐槽生活压力：年薪10万买房要20年
- 男子不愿分手操刀劫持前女友 索要5000元分手费
- 梁朝伟上海喂鸽子 汤唯铸就韩国影史上最长一吻(图)
- 3岁童幼儿园吃早餐被馒头噎死 五年级男生天天焦虑失眠
- 工行搭筑全球"快车道" 重庆交巡警两周年
- 重庆食尚周刊火锅特辑 万吨脐橙滞销 果农求助

图 2–5

官方账号转发助推（见图 2-6）：

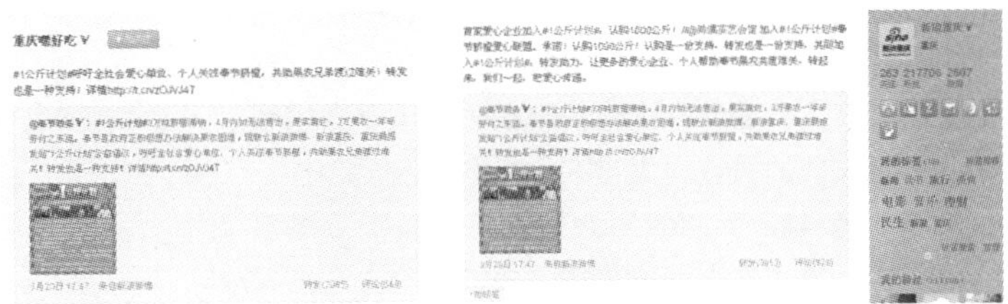

#1公斤计划#【你敢转 @奇火锅 就敢买！】本条微博每被转发一次，我们增加1公斤认购！每7000公斤一个阶段！大家一起转！

@奇火锅V：@奇火锅加入#1公斤计划#奉节脐橙爱心联盟。基础认购1千公斤，本条微博每被转发一次，我们增加1公斤认购！每7000公斤一个阶段。转发微博，共助奉节果农渡过难关！亲们，转发本条微博为果农加油吧！@奉节政务 详情http://t.cn/zOJVJ4T

3月22日 17:57 来自新浪微博企业版 转发(1449) | 评论(304)

图 2-6

◆微内容创作：亮出兴奋点

在浩瀚如烟的微信息下，受众每天被数以万计的信息冲击，社会热点的更换率和覆盖率都达到了历史最高点，如何在海量的信息中吸引受众的眼球，引起人们的关注，关键在于内容本身的创作。在微博平台 140 字的限制之下，信息既需要高度的凝练，又要表达得清晰易懂，更要具有兴奋点，能够促动受众参与互动。“1 公斤计划”的种子微博，基本以概述性的文字为主，将活动内容表达得很清楚。全文如下：

一公斤计划 # 3 万吨脐橙滞销，4 月内如无法售出，果实腐烂，3 万果农一年辛劳付之东流。奉节县政府正积极想办法解决果农困难，现联合新浪微博、新浪重庆、重庆晨报发起“1 公斤计划”公益倡议，呼吁全社会爱心单位、个人关注奉节脐橙，共助果农兄弟渡过难关！转发也是一种支持！详情：http://cq.sina.com.cn/zt/ygj”

种子微博阐释了事件发起的缘由、目前的进展情况以及发起单位和公益的形式，第一时间发布事件的要素。3 月 20 日，种子微博发出，3 月 23 日，种子微博转发量就已经超过 2 000，企业陆续参与转发认购脐橙，并承诺网友转发一次，企业再购买

1 公斤。但经过一段时间观察后，企业发现转发量遇到瓶颈，难以再大幅度增长。团队经过分析，发现公益的种子文本有两个主要问题：一是多家企业转发同一条种子微博，网友再转发企业微博，转发层次太复杂；二是文本不够吸引人。经过原因分析后，新浪重庆对文本进行了两方面的调整：一是为认购企业单独制作统一文本，让网友转发，种子微博同时存在；二是反复打磨，在企业的文本里把价格亮出来：您转一次，我出 4 元！先后提出了“30 000 000 公斤，奉节脐橙，迟来橙意；30 000 000 市民，每人 1 公斤消解滞销，每人 1 公斤，每次 1 公斤，爱心满满 1 公斤”等理念。新方案开始执行后，21 家企业分别发布微博，此活动在微博里呈现出多点开花的效果，并且每天统计企业微博的转发量，显得更清晰方便。在文本中体现亮点需要以动态的视角进行二次创作。公益活动根据自身的周期变化和每个阶段的宣传指标，要进行不同类别和风格的内容创作，在创作中用词和句式也要根据实际市场反应来调整。关于种子微博我们往往要求阐述清楚、内容明了，将活动的基本信息传递给受众，在后期活动跟进的过程中，要不断提供新的信息，积极表达主办方的意愿，且在文本策划阶段突出兴奋点。比如新浪重庆在“1 公斤计划”活动中比较有创意的就是企业与网友的联合互动，只要网友转发一次就由企业多购买 1 公斤脐橙，但是这一创意的表达如果平铺直叙，且以陈述性公文化的方式呈现，效果明显不突出，在文本创意修改之后，直接以数字的形式亮出价格，更加具有视觉冲击感，也让网友清楚转发的价值和意义，而不是自己在一堆文字中去阅读和理解。从市场数字反映来看，修改后的文本转发量、点评量都有显著提升。

◆活动多方资源的整合，参与主体丰富

公益活动作为一项以公众利益为落脚点的行为，其主体属性是否得到公众的认可是十分重要的。在“1 公斤计划”中，新浪重庆以媒体为中介平台，整合了政府、企业、高校和微博明星等多类资源，各个主体根据自身的特点提供支撑，形成传播的网状连接，为计划的实施提供了多重保障。

企业（见图 2–7）：

@奇火锅 V：@奇火锅加入#1公斤计划#奉节脐橙爱心联盟。基础认购1千公斤，本条微博每被转发一次，我们增加1公斤认购！每7000公斤一个阶段。转发微博，共助奉节果农渡过难关！亲们，转发本条微博为果农加油吧！@奉节政务 详情http://t.cn/zOJVJ4T 原文转发 (2179) | 原文评论 (585)

@A26LOFT V：重庆首家A26 LOFT 酒吧代表所有的708090也加入#1公斤计划#奉节脐橙爱心联盟啦。承诺！基础认购500公斤，该条微博每被转发一次，增加1公斤认购，认购上限1000公斤。转发也是一种支持，共助奉节果农渡过难关！快转起来吧！@奉节政务 详情http://t.cn/zOJVJ4T 原文转发 (496) | 原文评论 (97)

@鸿儒茶艺会馆 V：（鸿儒爱心接力）奉节脐橙3000万吨滞销，4月内如无法售出，鲜活脐橙将开始腐烂，3万果农一年辛劳付之东流。为解决果农燃眉之急，响应新浪微博、新浪重庆、重庆晨报发起"1公斤计划"公益倡议，鸿儒会馆尽绵薄之力，帮忙解决1000公斤脐橙。@周燕01 @赵定位 @重庆新浪 @重庆晨报 @奉节政务 @郭其林627 原文转发 (40) | 原文评论 (13)

@Jeep重庆金菱 V：重庆金菱汽车也加入#1公斤计划#奉节脐橙爱心联盟啦。承诺！基础认购500公斤，该条微博每被转发一次，增加1公斤认购，认购上限1000公斤。转发也是一种支持，共助奉节果农渡过难关！快转起来吧！@奉节政务 详情http://t.cn/zOJVJ4T 原文转发 (241) | 原文评论 (51)

#1公斤计划#3万吨脐橙滞销，4月内如无法售出，果实腐烂，3万果农一年辛劳付之东流。奉节县政府正积极想办法解决果农困难，现联合新浪微博、新浪重庆、重庆晨报发起"1公斤计划"公益倡议，呼吁全社会爱心单位、个人关注奉节脐橙，共助果农兄弟渡过难关！转发也是一种支持！详情http://t.cn/zOJVJ4T

图 2-7

3月22日，重庆本地知名企业奇火锅也加入了“1公斤计划”，董事长谢莉在新浪微博发出“为爱加油”的帖子。她在帖子中说道：“奇火锅基础认购1 000公斤奉节脐橙，该条微博每被转发一次，我们增加1公斤认购！每7 000公斤一个阶段。”谢莉还表示，奇火锅认购奉节脐橙不封顶，只要转发量达到7 000条，他们就认购7 000公斤奉节脐橙，然后再从零开始。脐橙将被分到各个店，免费赠送给顾客作餐后水果。

3 月 20 日和 3 月 22 日，重庆温州商会先后两次在微博上发出爱心呼唤：“奉节滞销脐橙昨日通过商会平台认购 1 086 件（网购除外），计 21 720 斤，爱心在传递，‘橙’意在蔓延，今天再接再历，明天就可以发货了。”

随着事件的推广与发酵，越来越多的企业致电新浪重庆，希望能够加入认购队伍，为奉节脐橙出一份力。这段时间加入认购的爱心企业有国药控股重庆有限公司，认购 5 880 公斤；重庆银星智业集团有限公司，认购 4 632 公斤；重庆市万州区五桥爆破工程有限公司，认购 1 500 公斤；重庆元创汽车整线集成股份有限公司，认购 5 500 公斤。据奉节政府初步统计，截至 3 月 29 日，通过新浪微博助推，滞销的 3 万吨脐橙已经被各种渠道认购超过 2 万吨。

高校（见图 2-8）：

图 2-8

西南大学配合完成“1 公斤计划”。新浪重庆联系西南大学，欲在学校开展一场销售脐橙的公益活动，发动相应的学生代表，向学院申请此活动。学生的想法很快得到了学院、学校的支持，于是在微博上发出了“1 公斤计划西大情”的倡议，号召全校师生献出爱心，加入公益活动，各学院纷纷响应，有四川美术学院、重庆工程职业学院等 12 个学院加入公益行列。就在这时重庆电视台新闻频道的记者联系到了我们，学生代表在 4 月 1 号赴奉节实地考察，得知情况属实，且当地果农生活较穷困，更坚定了举行此次活动的决心。当天学校与当地桥湾村村委签订了帮扶协议，由西南大学开展“1 公斤计划西大情”活动，志愿支持当地果农销售脐橙。

4 月 3 日凌晨 5 时许，近 5 000 斤脐橙到达西南大学，全程学生自愿参与，完成卸货、筛选、称量、分袋包装等环节后，于傍晚运到各学院进行销售，不到两日，脐橙全部销售完，还有很多预订了的同学没有拿到。此次活动得到了全校师生的积极参与，更有渝中区、北京等地爱心人士发来信息认购。

明星群体（见图 2–9）：

图 2–9

3 月 26 日中午，曾在电视剧《闯关东》中饰夏玉书一角的著名内地女演员黄小蕾在其微博上转发了“1 公斤计划”的消息。黄小蕾本是重庆人，自是了解奉节脐橙的妙处，不仅当即允诺购买 200 斤，而且还特意指出奉节脐橙“皮儿薄肉细，甜蜜可口”，给家乡脐橙打起了广告。黄小蕾的转发随即产生了涟漪作用。不多时，著名时评人、电影监制谭飞就转发了她的这条微博，也当即表示购买 100 斤奉节脐橙。

在重庆籍明星的转发助推作用下，“1 公斤计划”的传播在微博上显示出极好的态势。如著名演员陈坤在转发并表示支持之后，其微博转发量迅速飚过 3 000 条。次日，演员李冰冰也接上了陈坤

传过来的接力棒，转发了陈坤的这条微博，将转发量再次提高。

在对“1 公斤计划”的支持中，重庆籍明星表现出的责任感让人钦佩，例如钢琴家李云迪在深夜里也不忘鼎力支持。26 日晚，本在 22 点半已向粉丝道晚安的李云迪，又在凌晨时分发现脐橙危机后迅速转发，表示要“支持老乡”，让网友们倍受感动。

3 月 28 日，来重庆参加活动的杨幂知道“1 公斤计划”后，当即表示支持。当天 17：19 分转发活动微博，并希望“果农们一年辛劳不会白费”，不到 1 小时，该微博转发过 2 000 次。

★案例评析

“1 公斤计划”是由媒体平台整合区域资源比较成功的公益活动，活动在重庆地区产生了比较广泛的社会影响，也完成了预定的公益目标，实现了脐橙的销售量。从活动的整体营销策略上看，具备一些企业微公益营销可以借鉴的经验。

◆保持更新

微公益营销要实现传播的持续力，一定要及时关注受众也就是我们用户的反映和需求。公益需求的满足做到“诚意”“温暖”，才能真正打动人心。在资讯爆炸的信息化时代，信息热点平均的覆盖率非常高，层出不穷的新资讯以及不断更新的新闻事件都会吸引受众的注意力，如何保持公益活动的关注度，信息更新显得尤为重要。在“1 公斤计划”中，作为主办方的媒体新浪重庆能够注重内容的创作，运用网络媒体的优势和微博专题的媒介特点，及时更新，引发了人们的关注。但在活动后期，内容中信息的更新率不高，信息价值有明显的下降。同时，在不同主体转发信息进行宣传活动时，内容主旨意义相同，文本信息却五花八门，降低了传播的效应。如果能够挖掘活动亮点，从细节入手，以故事化的方式多挖掘公益的人文情怀，在信息链条中将口号式的宣传与故事化的报道相结合，丰富传播内容，持续更新亮点，将会更好地彰显公益的力量。

◆借力造势

在各类活动如此密集的商业时代，“造势”是企业营销的重要环节，如何造势也是我们需要思考的关键节点。以微博平台开展的公益营销活动，要充分利用新媒体的资源，创新合作模式，尽可能在整合资源的同时创造公众话题，体现社会责任。在“1 公斤计划”活动中，网络媒体作为发起人，联合企业、政府、高校等资源，发挥各自的优势，覆盖不同类别的受众群体，公益活动涉及的范围得到扩充。如果以企业作为主体策划执行相应的公益行为，也应该将媒体联盟、高校和其他企业的利益相结合，探寻合作的结合点，双方置换合理资源，将“互联网 +”的影响力发挥到位。

◆灵活协调

微公益营销策略的成功，除了利用好平台，做好信息传播，活动的落地实施也是体现其效果的另一重要方面。一个周期性的活动在执行的过程中不仅需要涉及几个主体之间的协调，更重要的是对执行中的问题要及时解决不能听之任之。在“1 公斤计划”实施过程中，因为水果寄送、保鲜等问题，部分网友收到的脐橙出现了严重的质量问题，出现许多负面舆论，如果售卖商品却无法保证商品和服务质量，就会严重损害活动的口碑，对“公益”本身也是一种伤害，这一问题是我们在策划中没有预计到的，但是出现问题后，新浪重庆及当地政府还是快速地反应，及时发布相关信息，对有质量问题的水果进行退换，并对网友致以诚挚的歉意，更重要的是及时解决问题，使类似的情况在后续的活动中不再出现。整体活动结束后，媒体、政府还专门举办了答谢会，对给予支持的网友和企业给予谢意。这些环节的设置和对问题的及时协调，体现的是团队的执行力，更加凸显的是公益的感恩之情。

二、我为雅安打一天工

★事件概述

北京时间 2013 年 4 月 20 日 8 时 02 分四川省雅安市芦山县发生 7.0 级地震，截至 4 月 23 日 6 时统计，7.0 级强烈地震已造成 193 人死亡、25 人失踪、12 211 人受伤。地震发生引起了社会各界广泛的关注，新浪重庆了解到重庆各大高校以及企业都想为雅安贡献自己的力量。“川渝一家亲”，新浪重庆在开展地震报道的常规新闻活动的基础上，充分发挥媒体的社会公益力量，积极开展灾区救援、寻人、捐款等活动。主要活动有：①第一时间抢注寻人微博“雅安寻人”，实时发布寻人信息，并用官号推送，引发多个“大 V”转发。微博转发均在 1 000 以上，运营成熟后又交给新浪四川操作。中国青年报和新华社联系该微博采访报道。②根据雅安寻人微博集合寻人信息，并不断更新，由 @ 新浪重庆 发出。且第一个做出寻人集合帖，被多家媒体转发，转发量过两万。转发者包括 Super131 组合成员、张馨予、彭于晏、“天才小熊猫”等。③发布爱心企业捐助号召微博，多个企业响应，第一时间有 5 个企业主动与新浪重庆联系。重庆第一熟食品牌有友也积极参与，四车价值 50 万的物资在最短时间运往灾区。在这些常规的公益活动之下，重庆新浪发现纯粹的捐款活动形式固化，效果一般，而在所有公益参与者主体中，企业和高校是不可或缺的主力团队，如何搭建高校和企业的爱心桥梁成为本次公益活动的关注重心。在充分对接企业和高校团队后，新浪重庆提出了“我为雅安打一天工”的策划方案，新浪重庆发布“我为雅安打一天工”种子微博，点击种子微博后即关注@新浪重庆，将有志愿为灾区奉献自己的爱心的高校大学生募集到线上与企业微博进行联动，企业以“招聘爱心”的方式在官方微博上募集志愿者，并为志愿者提供工作机会与薪酬，参与活动的大学生在活动后将自己打工所获得的薪酬以微公益的平台捐献给灾区。新浪微博团队联合共青团重庆市委、重庆市各，高校以及重庆各大爱心企业向大学生发起倡议。重庆大学在活动之后发起了捐款仪式。整个活动以微电影的形式全程记录。这一活动中“企业搭台，学生唱戏”，企业以劳动成本折换经济利益，学生以劳动付出的方式表现自己的爱心，学生通过就业体验，既积累了社会经验，也让爱心变得更有意义。企业主既解决了自己的一天用工问题，也让渡了部分利益，为灾区贡献自己的力量。活动种子微博转发1 187条，微博话题讨论633条。其中，有延参法师、云迪音乐等参与，重庆晨报、重庆晚报、华龙网等20多家媒体报道。

★案例亮点

◆新媒体下的公益新形式

公益活动的形式创新是在众多营销类型中脱颖而出的关键。在新媒体形式下，微营销主要呈现参与门槛低、主体多元化、营销效果透明化等不同的特点。利用好实施平台的特点，才能最大化地发挥微公益营销的作用。但由于微博发展时间不长，自媒体平台更新快，用户群体不稳定，很多企业主对新媒体技术的运用都自顾不暇，很难在公益的形式上实现创新。诸多活动还是以线下公益的模式在进行。而“我为雅安打一天工”以全新的募捐形式呈现，结合企业和高校学子的利益，既充分表达了情谊又形成了企业联盟，最大化地调动资源。传统模式下的公益，往往以洽谈的方式寻求主体合作，但形式的创新可以设立利益点，以利益的驱动力促使更多的企业、高校、知名人士甚至是政府加入公益活动，这里的利益不光是经济层面的利益，也包括树立形象、形成良好口碑等价值层面的利益。比如在“我为雅安打一天工”活动中企业和高校都为募捐贡献了力量，但不是直接的经济捐赠，因为传统的募捐活动形式陈旧，参与主体多，内容无创新点，除非在国家级媒体平台，或是捐赠数额特别巨大才可能形成口碑效应，对于很多中小企业来说不具备可操作性，只能达到捐赠的目的，却无法让公众看到企业对这份责任的担当。但以企业提供岗位、学生打工捐酬劳的活动形式，小到私人企业主大到上市的集团公司都可以参与，并且学生的打工故事可形成属于企业自身品牌的活动和宣传亮点，企业和学生既参与公益，又可与高校建立长久联系，还与其他企业进行互动，一举多赢。正因如此，在新媒体下的公益形式创新要看到多方主体的特点和市场需求，找到恰当的结合点，使形式生动有效，能最大化地整合资源，实现其活动的持续性动力，为新媒体的公益活动创新探寻具有普适性的模式和规律。

新浪重庆 V

#为雅安灾区捐款#【新浪重庆爱心合作企业在行动】一方有难八方支援，雅安地震牵动着我们的心，而@新浪重庆 的合作伙伴也第一时间向灾区捐款捐物(此名单每天更新)我们希望看到更多的爱心企业通过http://t.cn/zOSt6QY 向灾区献出自己的心意，让灾区朋友感受到大家的温暖。

图 2-10

◆首次媒体与全城企业联动

雅安地震是一次牵动全国的突发性灾难事件，上至政府，下至媒体、企业，都对事件表现出了不同程度的关心。由于主体性质的差异，其关心的表现方式不一。从政府的组织救援、灾后重建、媒体的新闻报道、开展公益到企业的募捐，各主体各司其职，共同出力。新浪重庆在“我为雅安打一天工”活动中，首次集结了全城的企业资源，使不同规模、不同类别和不同属性的企业联动参与，打破以往活动内容只适用于部分企业的惯例。媒体作为活动的发起者和企业联动的平台，实现了活动的几大功能：①成为企业信息的汇集地。作为一场大型的公益活动，信息是资源整合的前提，企业实现内部和外部的对接都需要有信息来源和信息出口。新浪微博平台为企业间的信息沟通提供了空间，在同一个信息平台了解最新的参与企业情况、活动进展、参与学校和学生的概况等，为活动有序地开展提供支撑。②成为企业之间联系的纽带。要将全城不同类别和规模的企业进行整合，为企业提供相互联系的纽带，新浪的媒介渠道发挥了很大的作用。因为这一纽带的存在与维系，企业的参与就有了依托，让企业在践行公益的同时也获得了更多的人力资源。③成为企业与学生的对接平台。在本次公益活动中，企业和学生作为两个不同的供需方存在，为了实现市场化的对接，新浪微博充分发挥自媒体的特性，以企业和学生双向选择的方式，将学生的专业、兴趣与企业提供的岗位相对接，让一次爱心接力变得具有社会的多向价值和意义。

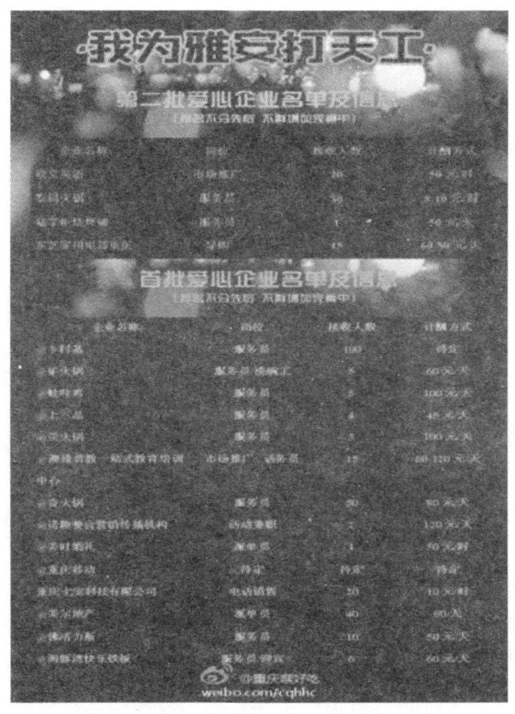

图 2-11

图 2-12

图 2-12 展示的是五一节放假第一天，洪家明等 4 名同学在沙坪坝秦妈火锅店做兼职，参加“我为雅安打一天工”的公益活动，他们所得的工钱将全部捐赠给雅安灾区的同胞们。扫地、折方巾、擦盘子、端菜、上菜，四位同学都做得得心应手。

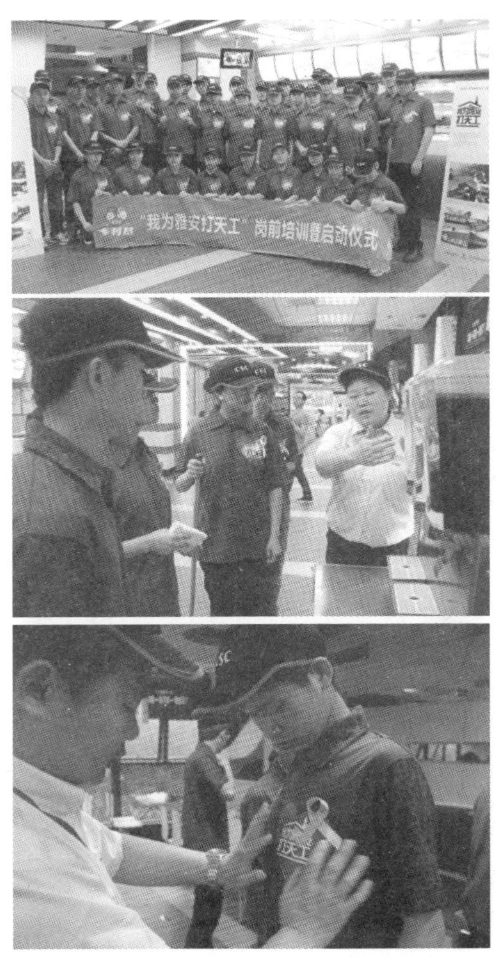

图 2-13

重庆大学 60 名大学生在沙坪坝乡村基店做兼职，同学们经过培训将工作进行得游刃有余，怀着对灾区人民的关怀他们度过了充实而有意义的一天（见图 2-13）。

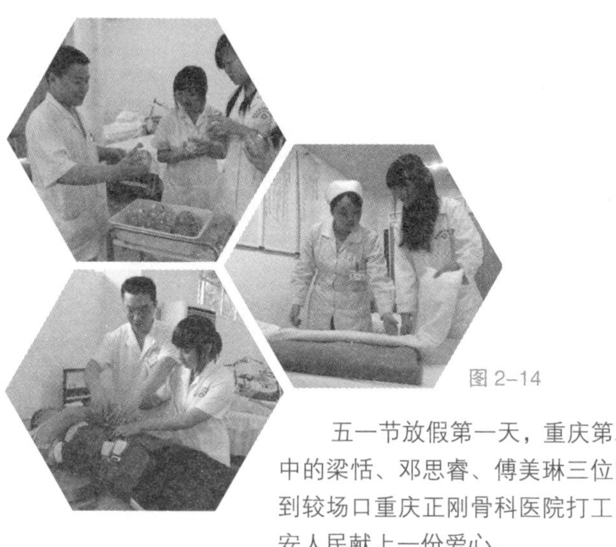

图 2-14

五一节放假第一天，重庆第二十九中的梁恬、邓思睿、傅美琳三位同学来到较场口重庆正刚骨科医院打工，为雅安人民献上一份爱心。

图 2-15

重庆大学生伍林峰等四位同学在沙坪坝奇火锅做服务生，他们忙碌而辛苦地工作着，希望能为灾区人民献上自己的微薄之力。

◆跨平台合作的透明化公益

在传统公益的模式下，由于受条件限制，公益组织和主办方往往只发布结果，活动过程以及款项的最终去向缺乏足够的透明度。从“郭美美事件”对中国红十字会的负面影响不难看出，由于传统公益的透明度不高，虽然最终郭美美被证实与红十字会无关，但依然引发了强烈的舆论热潮，网民纷纷质疑红十字会的款项使用问题，也因为不能对过程进行有效监管和了解，众多网民拒绝参与公益活动，其不参与的抵制行为和质疑的态度对中国公益事业发展是有巨大损害的。而自媒体的传播方式和传播平台，促使跨平台的公益实现了全透明化。“我为雅安打一天工”从新浪重庆、参与企业、学生感言等多个角度全程关注，活动覆盖了企业、高校和媒体，不但对学生的打工过程进行纪实性的发布，而且公布最终的募捐数额、捐赠地区及用途，在“有图有真相”的时代，让网民感受到公益的真实和温暖。

◆以微电影的方式全程记录

微电影是受众较为喜爱且易接受的传播方式，在本次公益活动中，新浪重庆专门成立拍摄小组，以电影短片的拍摄形式挖掘大学生与企业互动的故事，并以记录的方式全程拍摄捐款的场景。微电影传播的手法，拓展了微公益营销的形式，结合图文，在视觉化的时代，以人们最喜闻乐见的形式增加了活动的感染力，将活动以仪式化的进程呈现，丰富了传播内容，为活动的一大亮点。

★案例评析

◆赢在创意

“我为雅安打一天工”活动最大的成功在于巧妙的构思和有创意的活动策划。这一策划规避了传统灾难性事件中企业、媒体和高校传统的公益办法，创造了一种新的公益模式，这一模式有效地将社会责任、经济效益和社会服务相结合，对企业和高校都具有很强的吸引力。从这一角度剖析，一种好的公益模式和内容，不但可以很好地达到公益效果，也能激发更多的公民参与，还可以产生经济效益。在形成创意的策划案之前，企业需要遵循一些原则：①挖掘主体的个性化需求。每一个社会主体的商业活动都具有驱动力，公益的驱动力来自人文情感，情感的表达如果可以依托有利的平台，将会得到更好的激发。“我为雅安打一天工”能够将企业的用工需求和学生的实践需求相结合，将企业的商业属性和高校的社会服务功能相结合，一个结合点满足多样化个性需求。②根据平台创新模式。面对新媒体时代的大数据背景，我们要根据使用的宣传媒介，创新符合平台性质的活动内容，将内容本身和宣传点融合，新的模式会使创意具有独特性和不可替代性，从整体上提升活动的可行性。③创意需要落实。在提倡创新、专注创新的时代，创意的新颖度往往不是最大的瓶颈，但是否能将新的创意变成可操作的实际方案，是值得企业思考的。

◆彰显社会责任

企业在市场中具有趋利性，真正具有社会责任的企业才能塑造良好的口碑和形象。社会责任的承担一方面体现在企业的日常经营活动，另一方面则表现在对突发事件中的反应。社会责任的表现方式在当下也是多元化的，单一的经济付出效果不突出。以策划为前提，开展有意义、真正有益于社会的活动，让参与者感受到真情实感是企业选择公益的最重要因素。企业不能为了公益人为地制造事件，缺乏事件的真实性和需求性，社会责任就变成了企业的宣传素材，一旦真相被揭露，企业的社会公信力将会受到严重的打击。所以彰显社会责任应该内化为企业的文化价值和企业员工的共同认知，这样在活动的过程中企业才能用这种氛围赢得人心、口碑和市场。

◆低门槛，高活力

一项活动要产生实际效果其本身的活力必不可缺。而一项有活力、有影响力的公益活力必定是低门槛，让每一个想参加的人都能参加，而不要以策划一般活动的思维，设置各类限制，让想献爱心的受众有挫败感。在“我为雅安打一天工”的活动中，虽然企业和学生都有各自的利益收获，但核心问题是为雅安灾区贡献力量，所以不管企业规模大小，提供的岗位高低，也不分学校的优劣，只是以劳动换取价值的方式让公众对公益有更好的理解。因此在端茶倒水的基础工作中，天之骄子们也丝毫不会有懈怠，最后不仅感动了雅安灾区的人们，也感动了我们自己，这才是对公益的正确解读。

第三章

活动营销：扩张传播力

The third chapter

活动营销，作为一种营销传播工具，是指经济主体在制定有效的营销传播战略基础上，整合自身可以利用的内外资源，为取得良好的经济效益和传播效果，以活动作为信息传播的载体，与利害关系者进行有效沟通，进而实现自身传播目标的传播活动。在市场营销学中，活动营销是一种常用的方式，被各大企业广泛运用在产品的营销环节中。活动营销的基本特征可以用“一个中心，两个基本点”来简单概括。“一个中心”指的是贯穿营销传播始终的“活动”；“一个基本点”指线上和线下受众的“高度参与性与互动性”，另一个“基本点”就是“整个活动营销的持续时间长和涉及范围广”。随着自媒体的发展势头越来越好，活动营销的传播平台得到了很大程度上的延伸，传播范围更广，传播效率更高，传播效果更明显。以微博活动营销为例，它免去了传统媒体宣传模式下烦琐的程序，通过开放性好、受众聚集程度高的微博，就可以实现活动的发起、宣传、报道、反馈等一系列流程。

第一节　微博活动营销概述

网络技术的不断发展催生了新的网络营销方式不断涌现，尤其基于 web2.0 技术的社交媒体的出现，营销方式更多元化，微博营销也应运而生。微博营销是组织或个人借助微博等媒体平台进行的一种网络营销，属于自媒体活动营销的范畴。其中包括在微博上发布宣传和创意信息、市场营销、品牌推广或公共关系维护等活动，最终目的是为了宣传产品、激发用户消费、扩大产业知名度。微博营销通常需要借助微博平台，通过特定的微博账号发布活动消息，报道活动情况，参与活动互动，微博营销将会贯穿活动的整个过程。这个特定的微博账号既可以是企业官方微博，也可以是非营利组织、政府或媒体微博，还可以是拥有众多粉丝的草根红人微博账号，即民间“大 V”，可以根据活动类型的不同选用合适的账号。具体来说，微博活动营销又可以细分为线上部分和线下部分。线上部分主要包括活动的发布、宣传、报道，人员的召集，消息的扩散等环节，线下部分则主要是活动的组织、开展、实施等。通过线上线下的结合，扩大活动传播张力，吸引更多目标消费者，从而达到提高品牌和产品知名度、促使目标和潜在消费者产生购买行为的目的。

一、微博活动营销的特点

近年来，社会化网络的热潮持续高涨，社交应用的更替速度也明显加快，从国外的 MySpace 到 Face book，再到 Twitter、Instagram 以及国内的博客、微信、微博等，不论社交软件如何更新，社会化热潮始终没有退去。科学技术的创新引领经济的发展，微博也被广泛应用于经济领域，微博的迅速发展给企业带来巨大商机。微博平台成了各家企业宣传推广的必争之地，“微博营销”的概念由此诞生，并被广泛应用于企业的运营活动之中。其中，微博活动营销是一种较为常见，也是微博平台宣传效果最佳的一种营销方式，通过开展新浪微博平台的活动，实现商家与媒体的合作，最终达到营销的目的。从整体上来说，微博活动营销融合了人际传播、群体传播和大众传播等多种特点，在发展过程中也逐渐显现出自己的特点。

1. 微博活动营销主体多元化

传统意义上的活动营销，一般需要企业提前策划活动，包括场地选择、人员分工、预算分析、传统媒体跟进等烦琐步骤，既费时又费力，且传播范围不广，传播效果不理想。而自媒体时代的全面到来，让微博活动的参与群体迅速扩大，大到企业、事业单位，小到私营店主甚至个人。可以说，在自媒体环境下，人人都既可以是微博活动发起者，又可以是微博活动宣传者，还可以是微博活动参与者。因此，发起活动的主体也越来越多元化。企业和个人都可以利用方便快捷的微博平台进行活动营销。而在微博平台上的认证“大V”们又能够很好地履行作为意见领袖的职责，凭借自身的社会影响力和粉丝的关注度，通过评论、转发等嵌套式的量级传播，使活动在短时间内引起较大范围的网络反响，获得较好的传播效果。

2. 微博活动营销科学高效化

在互联网技术不断更新的大背景下，微博活动营销也表现出技术优势和科学化操作。整体来看，微活动营销的科学化主要体现在：立体、高速、便捷、广泛。立体表现为在微博这个自媒体平台上，可以将活动内容通过文字、图片、音频、视频等表现形式充分地展现出来，对活动进行全方位呈现，从而使受众更形象、更直接地接收到由活动带来的产品和品牌信息，有助于将现有消费者变为忠实消费者，将潜在消费者变为真实消费者。高速性体现在微博传播速度非常快，一条微博一经互联网发出，就可以瞬时到达世界的每一个角落，再经众多网友的转发，病毒式地蔓延，热度可以持续攀升直至峰值。便捷性指微博活动营销相较于传统的营销方式而言程序更简便。不需要多层行政审批，在与媒体的合作方面也更灵活简便，容易实现，节约了大量的时间和资金成本。广泛性体现在通过层级式的传播，粉丝效应能够带动活动的热度，名人效应又能发挥名人意见领袖的作用，将传播效果呈几何级放大。对于企业而言，更容易发挥号召力，提升影响力，树立企业的文化和形象。综合这几点优势，微活动营销整个过程显得科学高效，对于企业和微博本身品牌的宣传具有重要作用。

3. 微博活动营销互动娱乐化

在自媒体时代，人人都是参与者，也都有可能成为潜在的“意见领袖”。企业在微博上进行活动营销，并在这个过程中发掘目标客户，通过双向互动的方式，完成客户的引导和角色的转换，成功地将粉丝吸纳为客户。在与粉丝互动的过程中，不仅可以增进和粉丝的交流，还可以使得粉丝 @ 其好友，形成层级式传播，通过粉丝的人际圈来扩大品牌的曝光率。由于微博活动营销的内容丰富、形式多元，且多在轻松幽默、活泼娱乐的氛围中开展，既增强了受众的参与感，也增强了品牌的亲和力，可以在极短的时间内拉近企业和受众之间的距离。此外，微博营销活动通常也会提供一些和自身品牌或产品相关的有趣的奖品，而奖品足以增进企业与用户交流的机会，企业的微博营销活动往往在这种互动娱乐的过程中自然而然地展开。

二、微博活动营销的原则

目前，微博营销活动极为常见，活动效果却参差不齐。可见，做微博活动营销易，做好微博营销难。要想成地功运营微博营销，则必须遵循一定的原则，才能在营销过程中取得好的效果。

1. 真诚原则

真诚不仅是微博营销的基本原则，其实也是做任何事、做任何互动交流的基本原则。微博活动营销与传统活动营销相比，平台是搭建在网络上的，营销发起方和参与方可能并没有机会谋面，要想在双方之间建立起信任，则必须以真诚为桥梁。而微博营销实际上是一个长期行为，不论从活动的持久度还是活动的影响力来说，都是可以长线经营的。因此，企业要想真正达到宣传营销效果，让受众参与其中并成为消费群体，就必须要让受众享受参与过程并从中获得真正的快乐和实惠，真正满足粉丝内心的需求，以真诚打动受众。

2. 兼容原则

由于微博活动的受众非常广泛，其身份地位、社会阶层、年龄结构、兴趣爱好、价值观念可能都会有很大差异，这就要求微博活动营销在策划和执行过程中尽量兼顾到尽可能多的人，不能过于小众化。尤其是在活动主题的设置上，尽量避免涉及敏感的政治问题、民族关系、女权主义等敏感话题。在活动的策划上，要充分考虑执行的可行性，让更广大的受众群体参与到活动当中。

3. 创新原则

由于微博活动营销的参与者越来越多，竞争也就越来越激烈。如果活动内容相似度太高，营销手段和活动形式千篇一律，则很容易使受众产生审美疲劳。因此，必须在创新上下功夫，只有具有创意的活动方案才能脱颖而出，只有充满个性和创意的内容才能激发受众参与的兴趣。否则，同质化现象过于严重，只会打消受众的参与热情。微博在全球范围内商业化应用的时间并不算太长，其平台的自由度和灵活性加之自身非常高的扩展性，都为微博营销的模式提供了很大的探索空间。只有在活动营销的探索过程中不断创新，才能源源不断地为营销注入灵感和持久的生命力。

4. 互动原则

互动性是微博的一大特征，微博活动营销也不例外。微博活动营销离不开与粉丝的互动，而“活动 + 奖品 + 关注 + 评论 + 转发”是目前最主要的微博活动营销互动方式。除了赠送奖品这种最直接、最实际的互动方式，其实营销更应该注重活动与受众的本质联系。相较赠送奖品，只有活动举办方和受众之间能够形成真正的有效互动，才能够正向引导受众，促成营销。因此，要想通过微博活动达到营销目的，必须巧妙设计一些能引发粉丝兴趣、产生互动、引发共鸣的趣味环节。只有通过互动的方式加强彼此之间的联系，才能使活动营销的效果达到最佳。

三、微博活动营销的成功要素

微博活动营销，目前已经被广泛应用于企业微博运营，微博活动营销的迅速发展给企业带来了巨大商机。微博活动营销的类型也有很多，比如线上活动的有奖转发、砸金蛋、大转盘等，但不管是线上活动还是线下活动，本质和目的都是一致的，都在于扩大企业和微博本身的影响力，推广品牌，取得经济效益和社会效益。因而，掌握微活动营销的成功要素非常有必要。

1. 丰富微博活动营销的活动形式

近几年，微博活动的数量越来越多，形式越来越丰富。如问答抽奖活动、同城聚会活动、线上参与活动等，具体环节内容涉及美食、玩乐、旅游和学习交流等领域。值得一提的是 2015 年春节新浪微博的“大家一起抢红包”活动，各大厂商和名人都纷纷推出抢红包活动，各路明星都发放了红包，这一新举措是春节的最大亮点，全国上下十几亿人都在“抢红包”，可见活动的影响力之大，传播范围之广。与此同时，新浪微博还推出了“2015 春节抢红包最全攻略，不看就是你的损失”等博文。具体操作环节新浪平台安排得井然有序：通过“大家一起抢红包”以及以各大产商为主题推出抢红包活动，要求参与者转发微博并点击链接抢红包，同时可以 @ 好友，与好友一起来抢红包。这次抢红包活动引爆了全民狂欢。在短短几分钟内，活动的点击量和转发量达到了几万。这次的微活动，对于广告主来说，是一次难得的迅速曝光的机会，各大电商品牌都取得了理想的宣传造势的传播效果，也用事实证明了微博活动的广泛的传播力。这也在一定程度上充分体现了微活动营销的自身要求，微博活动营销需要在活动形式上不断出新，紧跟热点和时尚，才能刷新受众的热情，达到活动营销的预期效果。

2. 控制好微博活动营销的传播渠道

酒香也怕巷子深，任何事物要想引起大范围的传播效应，也需要足够的人气。因此微活动营销的初期也需要足够的受众参与其中，才能形成病毒式大范围的营销效应。微博的传播渠道主要有两种：一种是微博内部渠道，另一种是微博外部渠道。微博内部渠道指微活动初期要求自己公司的所有员工参加活动，并且邀请自己的亲朋好友参加，进行活动预热，打响活动品牌。微活动初期积累了一定的参加受众，才会形成“马太效应”，利用中国人爱凑热闹的性格特点，引发受众关注，大家就会蜂拥而至。这样每个受众通过 @ 多个好友，层层推广，不断传播，逐渐形成一个大的粉丝群；微博外部渠道要求和那些有影响力的微博账号相关联，以完成二次传播。一个好的微博活动在策划活动文案的时候就要考虑到二次传播的问题，鼓励每位用户去 @ 好友；为了鼓励他们参加微活动，也可以让符合条件的微博“大 V”们领取由企业赞助的奖品或现金，带动自身的人际圈来增加品牌的曝光率。

3. 打造微博活动营销的创意高地

微博营销具有成本低、影响大的特点，这更适合中小企业运用。在新浪推出活动版块之初，中小企业应好好把握这个黄金的营销平台，创意策划，抢占“关注”的领地，上演华丽的微博营销秀。从 2013 年和 2014 年的新浪重庆发起和组织的微营销大会来看，评选出的十大企业优秀案例和旅政十大优秀案例中，微活动营销占了很大比重，而微活动营销的创意方案更是其获奖的原因，也是在微营销大会上业内人士研究和探讨的重要话题。就微营销大会本身而言，它无疑是新浪微博下的新浪重庆做的一次非常成功的微活动营销案例。就2013年微营销大会活动来说，有几大亮点，也正是该活动创意所在：①1个主题：决战信息流，解构微营销，一马当先；②4个会场：主会场+政务旅游专场+企业专场+禅修专场，场场专属，差异化定制；③7小时：行业趋势、营销手段、增效工具、经典案例、心灵鸡汤分享；④定向邀请客户，为不同段位的客户量身打造“专场体验”；⑤干货倾囊，为来宾献上真正有价值的思想盛宴。新浪微博和新浪重庆正是一次次做好了活动创意这一块，才打造出微活动营销的创意高地。

总之，微活动营销的运用范围越来越广，各类企业、政府和个人都善于利用微活动来实现营销目的。微博应在遵循基础原则的基础上，把握微活动营销的基本步骤、活动流程、运行技巧、粉丝互动以及后续维护等工作重点。而企业在追求利益、积极进行微活动营销的同时，只有真诚地履行企业社会职责，才能赢得口碑，实现微活动营销的目的和经济价值。

第二节　微博活动营销典型案例梳理

一、全家游泰国　亚航来买单

★事件概述

《花儿与少年》《爸爸去哪儿》等综艺节目持续热播，让观众大呼过瘾，大家对旅游概念有了更深的理解，也意识到亲情、友情、沟通的重要性。同时，人们对旅游有了更多的期待，并希望全家参与其中。新浪微博的重庆运营站——新浪重庆趁势推出了一次微博活动，联合亚洲航空以“全家游泰国·亚航来买单”为主题发起一场大型网友线上互动，网友只要积极参与互动，就有机会获得免费全家游泰国的全程免费票。活动由亚洲航空、新浪重庆、亚航周末三方合作举办。整个活动持续了一个多月，2014 年 10 月 13 日，新浪重庆在微博上开始三天的活动预热，通过煽情长微博引导网友加入话题讨论，晒出自己的亲情宣言赢取亚航提供的亲情大礼包；继而进行了持续八天的执行阶段，新浪重庆团队凭着专业的精神和态度进行线上执行活动，同时推出了“晒游记秀照片”“征集幸运家庭”“点赞赢大奖”“网友投票，甄选幸运家庭”的线上线下互动环节；2015 年 1 月 24 日进行微博线上开奖，成功选出了幸运获奖家庭，并与亚航合作，派送了全家游泰国的免费票。活动主要通过微博及专题进行全面预热与推广，@ 重庆旅游 的种子微博在新浪重庆各官方账号的几轮联动转发下，传播面扩大，引网友积极参与游记、照片上传、投票及线路点赞，并自动发送话题微博，进行二次传播，成功渲染主题“亲情、亚航、泰国”。整个活动吸引了广

大粉丝的参与和关注，前期通过 2 次种子微博发布，2 631 个网友的转发分享，阅读量高达 147 万次。加上微博大账号的转发，总计完成了 997.7 万人覆盖。再通过新浪重庆在新浪网和新浪重庆上传播的新闻报道及专题，覆盖面超过 1 000 万人，取得了强大的传播效果。这次活动之所以很成功，且可称其为微活动营销的成功典型，原因在于无论是从活动策划到活动实行还是活动后期运作，新浪微博下的新浪重庆团队和其手下的平台做到了专业、细致、完善及其他多种成功要素。

★案例亮点：

◆专题页面与微博页面双向打通

新浪微重庆的工作团队将专题页与微博双向打通，网友可通过专题、微博参与网上互动，并形成多次传播。运营资源及市场资源的充分调动，最大限度地加强了信息传播效果。本次微活动分为四个阶段，各个阶段充分体现了传播有力的特点，这是本次微营销活动的亮点之一。第一阶段运用微博进行“活动预热”：10 月 13 日 -10 月 15 日，通过煽情长微博引导网友加入话题讨论，晒出自己的亲情宣言赢取亚航提供的亲情大礼包（见图 3-1）。

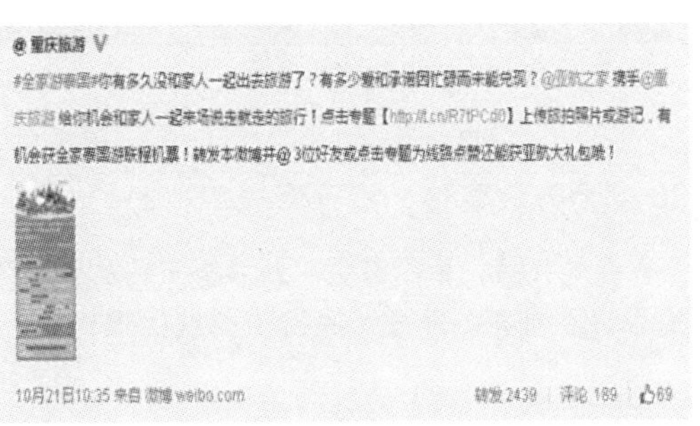

图 3-1

后三个阶段运用了 H5 专题页。第二阶段活动内容是“晒游记秀照”：10 月 16 日—11 月 4 日，微博种子微博与活动专题同时上线互相打通，专题设置游记和照片上传通道，从上传游记的网友中选出 2 名获全家往返机票。第三阶段活动内容是“点赞赢大奖，玩哪儿你说了算”：10 月 16 日—11 月 4 日，专题中融入互动趣味游戏。网友进入专题为喜欢的路线点赞，有机会获亚航提供的大礼包。第四阶段活动内容是“网友投票，选出幸运家庭”，时间段是 11 月 4 日—11 月 19 日，从上传游记的网友中，根据票数选出获得免费游泰国的幸运家庭，并且从网友点赞数最多的线路中选出路线。幸运家庭将体验这条由网友选出的人气路线。

图 3-2

◆ 360 度全方位宣传，提升曝光率

活动全程新闻支持，新闻首页、新浪重庆站及旅游频道的多个新闻区域及活动区域进行推荐，保持了持续的曝光率，这是亮点之二。

资源名称	次数
（浪首）新浪首页－重庆新闻区－文字链	3 次
（浪首）新浪首页首屏五轮播按钮	1 天
（站首）新浪重庆首页首屏右侧矩形广告 01	2 天
（站首）新浪重庆首页－生活推荐区文字链	2 次
（站首）新浪重庆首页－旅游推荐区活动版块（图片＋文字）	2 次
（站首）新浪重庆首页－旅游推荐区焦点图（图片＋文字）	1 次
（频道）新浪重庆－旅游频道“国内游”版块活动区（图片＋文字）	2 次
（频道）新浪重庆－旅游频道“国内游”版块焦点图（图片＋文字）	1 次
（微博）新浪微博－@ 重庆旅游账号召集（发布＋转发＋有奖转发）	全程
（微博）@ 新浪重庆 @ 渝小浪 @ 重庆同城会 @ 重庆嘿好吃 @ 重庆微吧官方微博（转发）	各 2 次
（微博）重庆草根微博大号跟进	2~3 条
（服务）新浪亚航定制专题	永久

图 3-3

第一，全程新闻曝光

新浪首页重庆新闻区推荐 3 天

微博 博客 邮箱 网站导航 关闭

新闻 看重庆 图片 专栏 2014.10.17

- 重庆区县干部人事变动 张嘉强辞万州副区长职务
- 林光任黔江区副区长 王大勇辞去北碚区副区长
- 前三季度：重庆GDP增速全国第一 人均收入涨了11%
- 大雾橙色预警拉响 能见度58米 重庆：空姐当猛虎诱饵
- 被遗忘的“世界传统医药日” 世间：子夜“安全帽”

- 0元团购了五百份大餐不认账 重庆男子怒告美团网
- 暗访重庆医护人员违规行为 渝男子携女儿救命钱失联
- 重庆母女登上女富豪榜 重庆货轮长江上“腰折”（图）
- 重庆男役赶上公交乘的士打司机 揭秘重庆国考最热职位
- 失恋小伙醉酒怒砸路虎 重庆出现“小三击退师”
- 重庆男被截烟蹭气得酒驾飙车 渝女子15万手表掉入粪中
- 渝男子报复超车将人逼下乌江 重庆中石化原高层受贿
- 观音桥餐厅规定：不能用筷子 私家车拉客涉嫌犯罪被抓
- 致富新招？重庆男收藏几十吨旧报纸 卖到3000元一份
- 重庆女卡上莫名多出五万元 巴蜀中学女排夺得全国亚军
- 出租车猛打方向后四脚朝天 渝奇人听音诊车
- 认为父母偏爱弟弟 重庆女孩携万元和网友出走

- 生活｜重庆野模真实的一天 看重庆校花如何惊神写人
- 生活｜范冰冰绝美COS显女王范 重庆美女老板游艇派对
- 生活｜梦幻厨房装备升级逼格 重庆最人气异国餐厅大搜
- 旅游｜不览夜景未到重庆 “小重庆”磁器口之旅
- 旅游｜美丽重庆魅力江北二日游 “五方十泉”泡起来
- 旅游｜转文话入微博中门票大奖 印象武隆演出震撼人心
- 汽车｜2015款东风风神AX7实拍 宝马Z4最高优惠5.8万
- 汽车｜途锐最高优惠9.22万 奔驰R级最高优惠3万
- 汽车｜DS4最高优惠6万元 奥迪S8最高优惠15.9万元
- 亲情不等待全家游泰国 渝美人性感美食秘笈

- 重庆再入选一线城市 重庆一干部擅自配公车被免
- 史上招人最多国考：7成重庆人报国税 重庆阴雨全城堵惨
- 探秘重庆气象站：气球预报天气 奥体中心11场馆免费
- 重庆房交会：高层降价 成交上千 现场变成动物园（图）
- “诺贝尔奖女婿”的虚幻荣耀 一位残疾禁毒者的情怀

- 重庆白富美择偶标准降低：只要是暖男 月薪四千也行
- 重庆查出史上违章最多车 重庆奇人听音诊车
- 重庆下周再升温10℃ 重庆男看黄片声音太大被举报
- 渝老板送员工房车庄园留人 重庆一高校实行无手机课堂
- 重庆90后与老公过周末夫妻 天降四钢筋插工人后背
- 重庆建筑商错划18万给他人 重庆三个景区改名
- 重庆：老夫娶娇妻 三月被花50万 重庆148名村官被查
- 200多万奔驰扔路边无人管 未来重庆5小时到长沙
- 重庆：停车位变卖场 停车办秤合法 男女挖掘机“车震”
- 曝光解放碑车位乱收费 渝司机神技：大货爆两胎也没事
- 渝美女常吃烧烤差点变老太 重庆加油站售劣质汽油赔款
- 重庆美女混入婚宴里蹭吃喝 竟还抽中婚礼一等奖

- 生活｜西大气质女神最新写真 重庆六旬大妈劲舞团
- 生活｜重庆西水河上再现纤夫 重庆不怕冷的美腿妹子
- 生活｜舌尖上的珍馐鲜美 一首歌 一道美味
- 旅游｜万圣节开启“鬼”混之旅 重庆格林童话王国
- 旅游｜与重庆有关的成语故事 光棍节前的邂逅之旅
- 旅游｜彭水爱情治愈圣地 荣昌陶国际研讨会26日开幕
- 汽车｜柯兰多最高优惠8万元 甲壳虫最高优惠10万元
- 汽车｜宝马3系最高优惠10万 雷克萨斯ES优惠5.4万
- 汽车｜致尚XT最高优惠4000元 瑞纳最高优惠1.41万元
- 亲情不等待全家游泰国 渝美人性感美食秘笈
- 爆款零食超全总结 10元包邮小吃搜罗

新浪首页首屏图片按钮五轮播 1 天

新浪重庆首页首屏右侧矩形广告 2 天

新浪重庆首页生活推荐区文字链推荐 2 天

新浪重庆首页微活动区推荐 2 天

新浪重庆首页专题区推荐 1 天

新浪重庆旅游频道“国内游”版块活动区推荐 2 天

新浪重庆旅游频道“国内游”版块焦点图推荐 1 天

第二，线上线下结合，实现互动传播

本次“全家游泰国，亚航来买单”活动，是新浪重庆联合亚洲航空，带给重庆网友和传播市场的一次极富感染力的互动传播。其中，新浪重庆团队结合线上和线下两方面来进行活动的宣传和执行，吸纳粉丝参与其中，积极互动，这也是本次微活动营销的亮点之三。

本次活动主要通过微博及专题进行全面预热与推广，@重庆旅游 种子微博在新浪重庆各官方账号的几轮联动转发下，传播面扩大，劲爆大奖引网友积极参与游记、照片上传、投票及线路点赞，并自动发送话题微博，进行二次传播，成功渲染主题“亲情、亚航、泰国”。

微博预热，通过手绘漫画的形式，成功进行亲情、家庭气氛渲染，引网友向家人告白，预热主题。种子微博 1：转发数 165，评论数 115，阅读数 9.1 万。

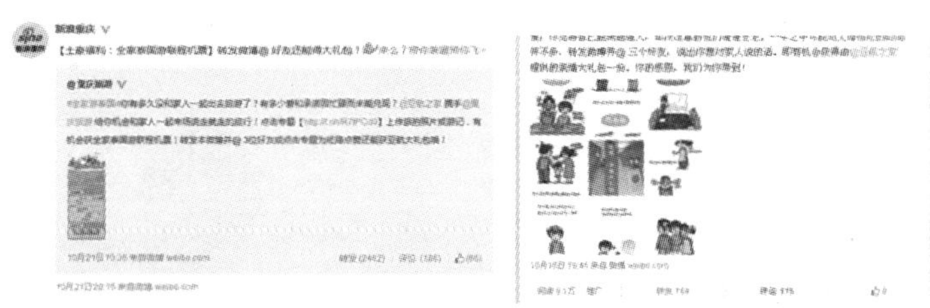

征集微博掀起活动高潮，吸引网友 2 462 次转发，阅读量超越 100 万，达到较好的传播效果。种子微博 2：转发数 2 307，评论数 175，阅读数 138.6 万。

@ 重庆旅游 全程主发（30 条），新浪重庆各大账号联动转发引爆网络关注。

额外配送 20 天置顶微博及微博焦点图，黄金运营资源助力活动热度。

“全家游泰国”话题微博热议，阅读 1 003.5 万次，讨论 3 569 次，千万级关注量尽显话题热度。

图 3–4

对于旅游性质的微营销活动来说，仅仅靠线上活动的宣传和粉丝的参与还是不够的，更需要线下跟进线上，让受众真正得到参与体验。只有真正感受到了活动的趣味性和真实可靠性，受众才会持续性地参与下去，企业才能留住客户。因此，新浪重庆的幕后团

图 3-5

队在线上对活动进行多渠道宣传并积极回复粉丝的同时，也在线下想方设法抓住客户群，那就是参与本次活动给受众带来的真正实惠——全家游泰国的免费票，一切费用全包。除此以外，本次微活动还挂在了新浪重庆网页旅游频道的国内游板块活动区和焦点区，在推动国外旅游经济的同时，也推动了国内旅游经济。新浪重庆还联合广告传媒公司，将幸运家庭的泰国游赢取活动全程制作成宣传图册，在重庆各大风景区安置海报和宣传牌。不仅做了线上的传播，也完成了线下的推广。

图 3-6

★案例评析

随着社交化媒体的广泛应用，加上中国人爱“扎堆”“围观”的心理，所以微博在没有进入更高阶段的营销进化之前，活动依然是现在微博营销的一个利器。对企业微博来说，如果内容建设是留人，那么活动策划就是拉人。企业做微博活动的目的，要么就是吸引新粉丝，要么就是增强粉丝互动，增加活性，传递品牌价值。特别是在企业微博粉丝增长期，活动更是吸引粉丝最行之有效的法宝。新浪重庆这次主办的“全家游泰国，亚航来买单”的微博活动营销，为各大企业的微博活动营销提供了一个很好的试用范例。

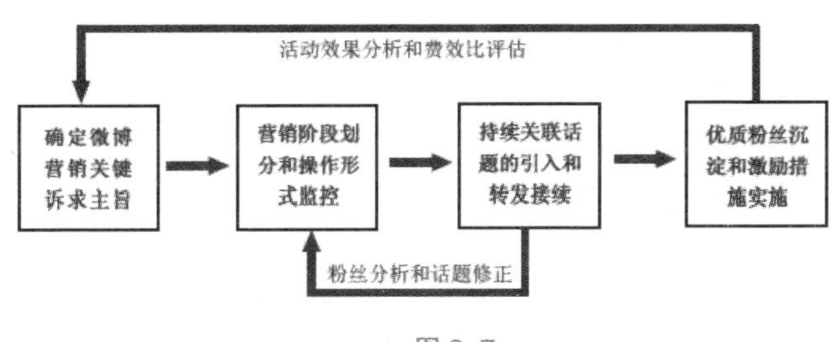

图 3-7

◆紧跟热点，策划活动

对于企业来说，开展活动营销需要设置合理的营销目标，然后对不同话题的时效性和趣味性等可参与指标进行初步确定，把主题按照企业产品或者服务的主要特质和特征进行结合，提炼出若干个小话题，通过不断关注、分析网友参与的情况并进行控制，最终实现优质粉丝的积累，实现活动预设目标。“全家游泰国，亚航来买单”微博活动就是新浪重庆抓住当下亲子类和旅行类电视节目盛行的热点确定活动主题，与亚航联合打造完成的。近两年，《爸爸去哪儿》《花儿与少年》等以亲子、旅行为主题的真人秀综艺节目层出不穷，既引发了受众对于出游的热情，也唤起了人们关于亲情的共鸣。于是，与家人来一场趣味十足的异国旅行成了既时尚又热门的活动。新浪重庆主推的这次微博活动营销正是抓住了当下热点和客户的这些需求，进行个性化加工，制订了创意化主题，引发网友主动关注，成功吸纳了大量粉丝，达到了微活动营销的初期效果，扩大了新浪重庆和亚航的影响力。

◆打造亮点，多维传播

微博活动初期是最关键的，如果没有足够的人参与，很难形成病毒式营销效应。这一问题可以通过内部和外部渠道两种方式解决，内部渠道就是初期的时候要求自己公司的所有员工参加活动，并且邀请自己的亲朋好友参加。初期积累了一定的参加人数，才会形成马太效应。外部渠道就是主动联系有影响力的微博账号，可以灵活采用合作和激励的形式。本次微博活动，新浪重庆团队运用网页、

H5 专题、微博种子等多种传播渠道进行宣传预热。在活动执行阶段，也是步步跟进，全程新闻曝光，在各社区论坛发布帖子进行展示，整体上达到了多维传播的效果。主要表现在几下几处：

第一，强强联合，两大平台协作。新浪重庆联合亚洲航空，带给重庆网友和传播市场一次极富感染力的互动传播。

第二，贯穿性设计，三大部分结合。线上专题、H5 页面及微博多资源位推广转发提高热度，网络有奖征集保证线下人气。持续三周线上推广与线下活动有机结合，始终保持活动高热度。

第三，全方位推广，三大领域宣传。微博联动，新浪重庆与新浪网联合推广，在活动期间仅活动话题就达到 1 003 万人的覆盖率。

◆全面互动，留住粉丝

无论是传统意义上的营销活动、网络营销活动，还是这里所讲的微博营销活动，都离不开粉丝的关注。在营销领域，有一种说法是“顾客就是上帝”，而微活动营销的粉丝就是顾客，要想做好营销，必须做好粉丝参与度这一关，要通过种种渠道，抓住客户群，确定优质客户，做好传播。后期还需要做好微活动营销的售后服务，才能留住客户，成为微博和企业发展的长久之计。微博活动在文案策划的起始阶段就要考虑到如何积累优质粉丝传播的问题，同时鼓励用户去 @ 好友，而 @ 好友的数量也有讲究，如果 @ 得太多的话，会导致普通用户遭受骚扰。另外，还要通过关联话题引入新的激发点，带动用户自身的人际圈来增加品牌的曝光率，促进后续的多次传播。本次活动主要通过微博及专题进行全面预热与推广，@ 重庆旅游种子微博在新浪重庆各官方账号的几轮联动转发下，征集微博掀起活动高潮，吸引网友 2 462 次转发，阅读量超越 100 万，种子微博 2 的转发数 2 307，评论数 175，阅读数 138.6 万，达到较好的传播效果。通过此次线上互动活动的推广，更多重庆网友了解到泰国的风光、美食和人文历史。线上专题的广泛传播为泰国作为非去不可的旅游地积累了丰富的人气和话题；线上活动的精准定位以及极佳的传播感受，吸引众多网友的参与和互动。这就是口碑的积累，对微活动营销意义重大。

二、跨年夜　我们在1起

★事件概述

2012年11月18日到2013年元旦，由新浪重庆、新浪微博及龙湖时代天街共同主办的“2013,新浪微博达人我们在1起跨年夜”活动在重庆市渝中区大坪时代天街1号举行。活动分为六个环节。

◆创意达人秀征集+执行环节

从11月19日到12月10日专题上线开始预热抢票活动，将活动的信息覆盖重庆700万微博用户；12月10日到12月29日期间，@渝小浪 微博账号首发种子微博，其余官方账号转发，并在12月21日—12月23日做了线下选拔活动，在12月31日举办了现场达人秀表演并颁奖。

◆达人积分换礼宣传+执行环节

从11月19日到12月30日宣传告知23万新浪微博达人兑换礼品，在12月31日进行一年一度的达人积分兑换礼品，吸引了很多达人前来兑换礼品，本年度更是吸引了旅游达人、汽车达人、美食达人、购物达人等近400人参与奖品兑换。

◆在美食达人微探店征集+执行环节

从12月13日到12月22日，本次活动参与商家近19家品牌得以在微博上和美食频道进行宣传；而从12月24日到26日美食频道编辑携手江小白、王老吉在龙湖时代天街展开美食微探店；12月30日追加名家横城探店活动；而31日单日7家餐饮商家最终选择了近80位达人现场微探店，年度美食微探店活动全面结束。

◆时尚变型记特刊征集 + 执行环节

从 12 月 13 日到 12 月 19 日，本次活动近 15 家品牌参与，8 位时尚达人入选，并由龙湖凯丽汇造型设计，推广了凯丽汇的品牌。从 12 月 21 日至 25 日，时尚频道编辑携手摄影机构在龙湖时代天街展开造型并拍摄，在 31 日经过 1 年（28 期）的拍摄，最终选择了近 20 位达人现场进行变型，使得当晚活动达到高潮。

◆小浪观影团征集 + 执行环节

时间为 12 月 21 日至 12 月 29 日。小浪观影团是极具号召力的品牌活动，召集时间短但效果明显。在 31 日现场有将近 400 位达人参与观影活动，整个活动现场座无虚席。在 2012 年 12 月 31 日的跨年宴活动中，400 位观影达人在室内，近 500 位签到达人，近 400 位积分换礼达人参与礼品兑换，近 80 人参与美食探店。

◆跨年夜抢票征集 + 执行环节

从 11 月 19 日至 12 月 17 日，预热抢票活动覆盖重庆 700 万微博用户；在 12 月 10 日到 12 月 29 日期间，在新浪重庆微博账号首发种子微博，其余官方账号转发；12 月 30 日到 12 月 31 日宣布门票获得者，领取门票。由于宣传效果的加强，活动的持续深入，越来越多的人加入活动，原计划的 400 张门票也满足不了人们的需求，后来追加 100 张门票，增加邀请函 200 张。

本次活动取得了空前的成功，不仅远超预期，取得令人满意的宣传效果，还在网友和观众中产生积极的反响。在长达 40 多天的传播与 10 天的线下活动中零负面以及零重大失误，活动服务的美食商家，宣传达 19 家；活动服装商家原计划 8 家，后增加至 15 家，各品牌商家主动在 31 日晚追加展示服装 2 套，并追加主持人服装赞助。活动对 UME 也产生了影响，UME 的客户消费群一直以青年为主，31 日举办的小浪观影团得到了 UME 的认可，本来没有计划宣传 UME，但由于商家积极参与，在红毯处借机宣传，并追加礼品袋，此外媒体也对这次活动的过程和现况进行跟踪报道，高度评价这次活动，因此吸引了社会的广泛关注。可称其为微活动营销成功的典型，原因在于无论是从活动策划、活动实行还是活动后期运作，新浪微博下的新浪重庆团队和其手下平台都进行了专业打造和运作，其中包含多种成功要素，值得各大企业和微博借鉴。

★活动亮点分析

◆迎合大众心理，制定主题和环节

微营销活动的“微”实则是一种营销媒介，而活动的本质还是在于营销，成功地传播商家及产品信息，达到商家的营销目的。如何策划让用户心动并参与的活动，活动标题是关键。它直接影响用户对活动的第一印象，在标题策划中，体现活动免费性、参与性、趣味性等，更能吸引大众积极参与。本次活动的主题是“2013，我们在 1 起”，主题响亮鲜明，抓住跨年夜的特殊时机，新浪微博达人一起迎接新年的到来，主题中的“在 1 起”，也是 2013 年的网络热词，可以吸引情侣和朋友们相聚一起，发动更多人参加活动。此外活动的各个分版块主题鲜明，内容丰富，能满足不同爱好的人的需求。活动版块包括：美食微探店、小浪观影团、我爱新鲜黛、缤纷线上活动、回顾狂欢夜、重庆达人秀等，让吃货们、电影爱好者、时尚男女找到自己喜欢的板块，乐在其中。本次活动的第一个环节跨年夜抢票征集＋执行就足以体现这点：11 月 19 日—12 月 17 日专题上线开始预热抢票活动覆盖重庆 700 万微博用户；12 月 10 日—12 月 29 日 @ 新浪重庆 首发种子微博，其余官方账号转发；12 月 30 日——12 月 31 日宣布门票获得者，领取门票。原计划提供 400 张门票，后追加 100 张门票（后增加的门票不参与领奖只参与抽奖环节），增加邀请函 200 张。

◆多媒体多频道报道，宣传效果明显

一次成功的微活动营销，离不开宣传，宣传做得好，活动就成功了一大半。本次活动通过网络的大力宣传，可谓声势浩大，引起了重庆各大新闻媒体的关注，他们纷纷对本次活动进行了详细、精心的报道。重庆时报、和讯新闻就共同在其新闻网站页面及报纸版面上对本次活动做了题为“游遍全国主攻美食小吃，28 岁美女编辑获得美食达人”的报道，对获得活动门票的方式及活动中 28 岁美女编辑获得美食达人、IT 人士出门带相机获得拍摄微博达人奖的故事进行了介绍。本次活动专题于 2012 年 11 月 18 日开始上线，新浪重庆在新浪网页上发布“2013，我们在 1 起”龙湖时代天街新浪微博跨年盛宴的主题。网页以鲜红的红色星际背景为版面，以达到吸引观众眼球，营造活动氛围的效果，主题下方是活动的举办时间即 2012 年 12 月 31 日。在主页面下，还有美食微探店、小浪观影团、我爱新鲜黛、缤纷线上活动、回顾狂欢夜、重庆达人秀、跨年微直播活动的板块及活动的相关介绍，另外还有达人跨年夜、创意达人秀两个活动网上报名窗口（见图 3-8）。

和讯 新闻

和讯网 > 新闻 > 正文

游遍全国主攻小吃美食28岁女编辑获得“美食达人”

来源：重庆时报

龙湖时代天街，跨年晚会现场

爱摄影、爱购物、爱美食……2012年12月31日晚，由新浪重庆和重庆时报联合主办的“2013年新浪微博达人跨年盛宴”在龙湖时代天街举办，上千名微博网友聚首狂欢。

跨年晚会上，还颁发了由网友参与投票的美食、摄影、时尚、新闻等领域的微博达人奖。

热门活动

游綦江丁山湖吃刨猪汤
走，出主城吃美食去！吃、行、玩，全部免费 详情

新浪年度达人之美食推达人
我发起了一个投票2012新浪重庆年度美食推达人候选... 详情

新浪年度达人之好吃达人
我发起了一个投票2012新浪重庆年度好吃达人候选人... 详情

希尔顿圣诞盛宴
回答问题，转发微博即可获得由希尔顿提供的价值800... 详情

活动专区

百人齐游綦江丁山湖吃刨猪汤
走出主城，游山玩水，吃美食去！详情
12.20~12.25 美食推达人评选
12.10~12.18 微博人气餐厅TOP10
12.14~12.24 微博达人跨年夜
12.18~12.24 希尔顿圣诞盛宴
11.12~11.16 双人自助餐
美食分享

重庆哪好吃
【长期饭票攻略】：@重庆哪好吃 为..分享
加关注

微访谈.微活动

微博达人跨年夜 跨年party抢票
内容：转发送海量中奖豪礼
时间：2012年12月31日 20:13

时间：12月29日-12月30日
行业 汽车 | 健康
·奔驰A级优惠7.8万 含一年基本险一年售后金
·全系优惠1.4万 | 风神A60 2.0L最高优惠2万
·手动档优惠3000元 并送装饰礼包
·两性养生：抚摸女人哪些部位能增强性欲？
·11种补脑食物越吃越聪明 | 从男人表情看他床上秘密
·人每天吞下1升鼻涕?专家:吞少量不会危害健康

FASHION
VARIANT RECORD
时尚变型记
2012年终特刊

微博达人跨年夜
我们在一起
日韩 | 川菜 | 海鲜 | 渝菜 | 东南亚菜 | 烧烤 | 粤菜

图 3-8

◆打造线上线下活动专题，吸纳粉丝互动

微博营销作为一种新的网络营销方式，已经成为企业营销的必争之地，在中文搜索引擎上输入“微博营销”四个字，可找到相关结果条数大约10 000 000个，可见，微博营销之战的大幕已经拉开。对于企业微博来说，微博营销要产生价值，基础的粉丝是必不可少的，而企业获取粉丝最有效的方式就是“线上活动”。但是仅仅靠线上活动有时并不能彻底激发粉丝的参与欲望。微博活动正是传统线下活动与微博的结合，既借助传统活动的特征，又兼顾微博用户群的心理诉求，通过一次次的具有持续性的推广来达成品牌的目的，这就是成功地兼顾线上线下活动的微博营销。“2013 龙湖时代天街新浪微博达人跨年盛宴我们在 1 起”的微活动营销就是通过打造特色活动专题，线上线下结合，才获得了大量的粉丝，吸引了大量受众参与其中，从而大大扩大了传播张力。

打造线上特色活动专题

2012 年 11 月 18 日，活动专题开始上线，后陆续开展了几个专题；19 日活动专题上线（见图 3–9）：

图 3–9

微博互动，彰显传播张力

这些线上的特色专题活动，吸纳了大量的粉丝，粉丝在微博上积极互动，传播效果明显。如：2012 年 12 月 11 日，时尚变型记招募，转发量达到 317 条；2012 年 12 月 13 日，跨年盛宴达人招募，转发量达到 3 626 条；2012 年 12 月 13 日，跨年盛宴达人秀表演招募，转发量达到 231 条；2012 年 12 月 14 日，美食探店招募，转发量达到 1 491 条；2012 年 12 月 25 日，小浪观影团招募，转发量达到 700 条；上墙显示 2 944，实际突破 3 000（见图 3-10）。

#全城"通缉"变型粉丝#【转发送好礼】帅锅潮妹看过来！《时尚变型记》年终特刊将于12.21—12.25在@龙湖时代天街 开拍啦！欢迎自荐或推荐好友报名参加，凡被选中变型者均可获【980元大礼包】一份！转发此"通缉"微博并@ 三位好友，还有机会得到【价值280元的大礼包】~报名狂戳：http://t.cn/zjq4I3t

2012-12-11 16:27 来自专业版微博　　转发(317) | 收藏 | 评论(232)

#微博达人跨年夜#【全城最in跨年party抢票开始咯！】邀你一起"末日重生"后的大狂欢！即日起关注@新浪重庆@龙湖时代天街 转发此微博并@ 1位好友，你将有机会和TA一起参加最顶级跨年趴！凡入选者可获价值不菲的签到好礼+双人电影票+50%中奖率海量豪礼！http://t.cn/zjaHQGW 专题http://t.cn/zjteFC7

2012-12-13 14:19 来自微吧　　转发(3626) | 收藏 | 评论(1580)

#微博达人跨年夜#只要你有出众的才艺，将有机会让几十万人看见你的表演！推荐你自己或你的朋友加入【2013@龙湖时代天街 微博达人跨年夜】,将TA的表演照片或视频私信@渝小浪 就有可能登上舞台与万人狂欢。转发本微博有机会得施华洛世奇元素的水晶扣。推荐成功者将获百元大礼。详见http://t.cn/zjteFC7

2012-12-13 16:38 来自专业版微博　　转发(231) | 收藏 | 评论(77)

#微博达人跨年夜#【免费吃大餐 1人中奖2人免费】末日2012，想好与谁一起度过了吗？如果吃货能再相聚，该有多珍惜！即日起，转发此微博@你在末日后最想一起度过的TA，就有机会在重生日（24日/26日）获得由@龙湖时代天街 提供的达人免费试吃机会。末日约会，不要再浪费，一起拼人品，吃他三天三夜！

2012-12-14 15:01　来自专业版微博　　　　转发(1491) | 收藏 | 评论(584)

#微博达人跨年夜#【年终规模最大的小浪观影团 】31日，400名"浪迷"一起去看《2012》3D版！是的！小浪和@龙湖时代天街 全"疯"啦！去@重庆UME影城 时代天街店看电影不要钱！一人中奖两人观影！你再也找不到如此疯狂的活动啦！不狂转那简直没天理啊！@想和你一起看电影的朋友，愿望就有可能成真哦！

2012-12-25 14:16　来自专业版微博　　　　转发(700) | 收藏 | 评论(413)

图 3-10

粉丝积极互动，网友晒幸福（见图 3-11）：

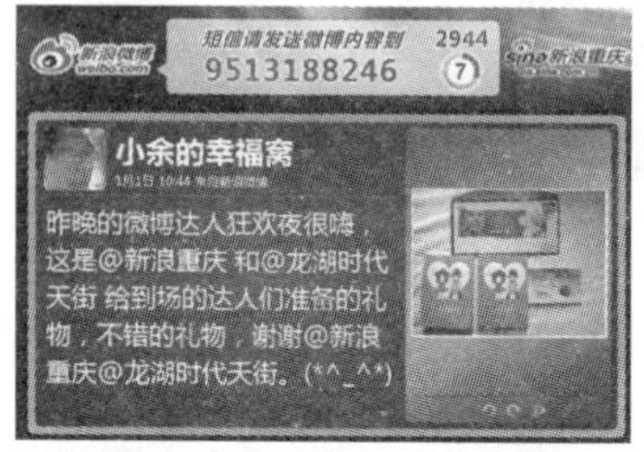

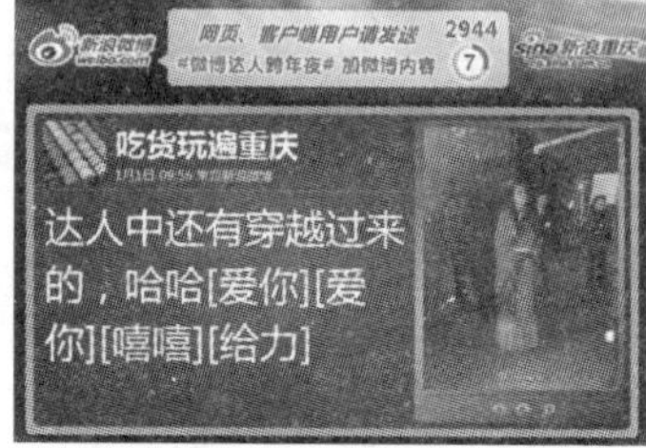

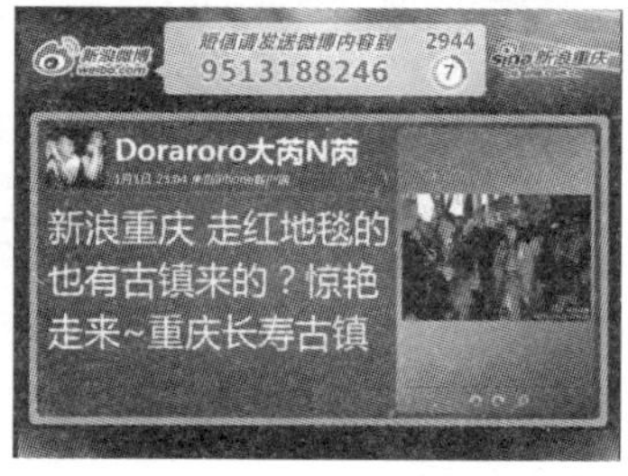

图 3-11

线下开展特色活动，扩大品牌影响力

除了线上的活动，新浪还积极推出了线下活动，吸引大众真正参与其中。跨年宴从 2012 年 11 月 19 日持续到 2013 年 1 月 1 日，期间举办的活动专题众多，充分激起观众的参与热情和兴趣，这些活动中有能满足吃货一族的美食微探店，能让观众充分享受到形形色色的重庆美食与小吃，满足吃货们的心愿，让他们不亦乐乎；小浪观影团活动则是在 31 日晚，组织 400 名“浪迷”一起免费去重庆 UME 影视时代天街店观看《2012》3D 版；时尚变型记活动则是邀请喜爱时尚、追求美丽的帅男美女参加到时尚变型和购物中来，参与活动就有机会得到 980 元的大礼包和 280 元的可爱大礼包；我爱新鲜旅活动则是以网友通过参与活动就有机会获得价值 300 元的养生大礼包的方式鼓励喜爱旅游的观众把自己旅游过程中的图片和经历写成文字参与其中，吸引了不少旅游爱好者参加。举个例子，其中一项线下活动是“达人积分换礼宣传”，活动先是在 11 月 19 日—12 月 30 日宣传告知 23 万新浪微博达人兑换礼品，然后 12 月 31 日一年一度的达人积分兑换礼品吸引很多达人前来兑换礼品，本年度更是吸引了旅游达人、汽车达人、美食达人、购物达人等近 400 人参与奖品兑换。

★案例评析

“龙湖时代天街新浪微博达人跨年盛宴”是新浪微博和新浪重庆策划运营成功的微活动营销案例之一，运营效果和客户反响都非常好，受众包括商家的参与度都很好，一方面扩大了新浪微博、新浪重庆的影响力和品牌力，获得了经济效益和社会效益，另一方面也给商业带来了品牌宣传力和经济效益。

◆**创意活动彰显主题特色**

创意是传统的叛逆，是思维碰撞、智慧对接，是具有新颖性和创造性的想法，不同于寻常的解决方法。微活动营销的运用越来越广泛，要想在众多微活动营销中脱颖而出，夺人眼球，整个活动策划包括活动执行必须体现创意，创意的成功将大大增加微活动营销的成功率。本次“2013，我们在 1 起”微活动开展了多项创意活动，让观众耳目一新，既体现重庆本土化特色，又体现自己活动的创意。比如 31 号平安夜晚会创意性的签到方式，400 位观影达人在室内，近 500 位签到达人，近 400 位积分换礼达人参与礼品兑换，近 80 人参与美食探店。方式新颖独特，能够引起参与者的兴趣。

◆**名人效应带动二次传播**

在“二级传播”中，“舆论领袖”无疑起到了关键的作用，微博活动在策划时一定要考虑到，如何鼓励用户去 @ 好友，带动用户自身的人际圈来增加品牌的曝光率。这样可以让很多人聚集起来同时关注一件事，迅速地使个人的微博成为一个话题讨论和关注的中心，而且这种扩散力和影响力是以几何级倍数增长的。移动终端提供的便利性和多媒体化，使得微型博客用户体验的黏性越来越强。而微博达人和名人都有自己庞大的粉丝群，这样可以大范围地传播，吸纳粉丝。本次微活动营销，举办了线下的微博达人现场签到会，开展了重庆达人秀活动；同时，还邀请了重庆广播的 DJ 飞飞哥的加入，现场求婚诠释“我们在 1 起”，并与现场观众互动，现场举行抽奖和评奖活动，评选出“创意达人奖”“重庆同城，年度最炫吧主重庆同城年度最炫吧主，年度最牛微吧专家”等荣誉大奖，让人印象深刻，让人倍感亲切。这些活动深受观众的欢迎，正是因为“名人效应”，“名人”就是“舆论领袖”，有了他们的宣传，活动就赢得了二次传播效果。

◆**持续蓄力提升影响力**

本次微活动营销持续时间近 45 天，从早期的准备策划，到活动的宣传与报名，乃至后来各大板块活动的相继展开与配合，这是一项巨大复杂的工程。随着活动的持续进行，越来越多的企业看到了活动的影响力，他们在活动的后期也相继加入进来，比如活动中的美食商家，一开始本没有那么多家参与，但是随着活动的进行，多达 19 家美食商家加入其中。这一现象也发生在提供活动服装的商家中。原计划 8 家赞助商随后增加至 15 家，而且各品牌商家主动在 31 日晚追加展示服装 2 套，并追加主持人服装赞助，可见商家都渴望通过此次活动给自己做一次广告，从而带来商机。UME 电影院的客户消费群一直是以青年为主，为了能吸引青年客户，UME 电影院积极参与并配合这次活动，对 31 日举办的小浪观影团给予了 UME 的大力支持。而活动本来没有计划宣传 UME，但由于 UME 商家积极参与，UME 电影院成功在红毯处为自己进行了宣传。此外，美食微探店、小浪观影团、我爱新鲜黛活动通过让观众实际深入店面，亲自体验店面的服务和产品，获得他们的好感，不少观众将自己的体验上传到微博上，并介绍给自己的亲戚朋友，这样的广告是十分有效的。通过这种口碑传播，这些商家获得了知名度和

顾客，因此他们也乐于参加这次活动，使本次活动有更多的商家加入其中，增加了活动的盈利。从活动中不断增加的赞助商家以及最后参与到本次活动的赞助商达 25 个，可见赞助商的参与热情。结果表明，活动持续时间长、持久蓄力使得商家的影响力与日俱增。

第四章

口碑营销：彰显精准度

The fourth chapter

第一节　微博口碑营销概述

“口碑”一词出自宋代诗词：“劝君不用镌顽石，路上行人口似碑。”这一词本指人的嘴巴像石碑一样可以传达信息，后来指人与人之间就商家的产品质量、服务态度进行的自发的信息交流与沟通。因其在市场营销中得到广泛应用，所以有了口碑营销这一说法。消费者与他人间就商家商品进行的讨论往往会给企业带来一定的影响。一方面它可以增强企业的知名度，相关信息的每一次传播都为企业品牌做了一次小小的推广，在人们的互动中品牌热度得到提升；另一方面，消费者对品牌的看法会潜移默化地影响其他人对该品牌的认知。好的口碑可以帮助企业塑造良好的企业品牌形象，提升人们对品牌的好感度，促使人们做出购买决策，提高商品的销量，增加企业收益。负面的口碑信息在某种程度上会造成消费者对企业的质疑，这种质疑在人群交流中最终演化成人们对企业的不信任甚至是抵制，不利于企业的长远发展。

口碑营销是通过购买者的交流将商品的相关信息传递给其亲戚朋友以及其他交往较为密切的人，促使他们产生购买欲望，做出购物决策的营销方式。传统的口碑营销主要依靠客户间的口口相传将自己的产品信息或者品牌传播开来，以此使更多的客户了解品牌信息并促进产品信息交流。微营销时代的口碑营销，是运用互联网的信息传播技术平台，消费者以文字、图片等表达方式作为载体发布口碑信息，吸引更多有黏度的客户，为企业营销开辟新渠道，以获得更多的利益。

一、微博口碑营销的新特点

随着互联网的应用与发展，特别是社交网站的出现，越来越多的消费者倾向于把自己对某品牌某商品的看法发表到网站上，与他人进行沟通与讨论。传统的口碑营销与微博相结合，以微博作为平台依托，将微博的互动性、及时性和内容多元性等属性注入口碑营销，充分发挥微博的传播优势，为其带来巨大的改变，促进网络口碑营销的快速发展，使网络口碑营销具有了新的特点。

1. 口碑内容多元

微博口碑营销中，口碑信息内容创作是整个营销活动中的一个重要部分。微博平台本身可以承载文字、图片及视频等多种形式的信息，口碑内容不再是单一的语言阐述，而是结合了文字、照片和视频的产品体验，可以满足受众群体各自不同的信息需求。内容的来源也是多元化的，微博是一个平等的社交平台，每一个人不论身份地位都可以在微博上畅所欲言，每个人对同一事物的认知体会不尽相同，由此展现的口碑内容呈现出多方面、多角度的特点，更能贴近一般用户的生活，更能让用户接受其影响。

2. 重视意见领袖

口碑营销传播的信息，其本质还是一种广告。而这种广告因其来源于微博中自己主动关注的人，故而人们对这类信息内容的排斥感不如对政务机构、商业机构主动宣传的内容那样强烈。也就是说，比起官方发布的内容，人们更愿意相信朋友、草根分享的微博内容。所以在微博口碑营销中有一小部分用户群体，即意见领袖，也就是微博上的各种微博达人的地位至关重要。他们本身在粉丝群中具有一定的影响力，也比一般用户更能接受新事物，他们分享信息的欲望也更强烈。在营销过程中，微博达人们从企业那里接触到第一手的原始信息，通过自己加工再分享给自己的粉丝群，实现二次传播。

3. 实现圈层营销

微博用户在消费能力、生活习惯与日常爱好等方面存在一定的相似性，所以微博口碑营销的本质就是一种圈层营销。譬如新浪的品牌活动“新鲜旅”，就是把某一个用户作为传播载体，让用户通过自己分享的内容感染他所在圈层的所有人，从而影响圈层内所有人购买决策的一种营销方式。这也是符合微博建立弱关系圈层的一种行之有效的营销方式。美食达人们吸引的就是对美食感兴趣的粉丝群，摄影达人的粉丝大部分也是一群摄影爱好者，关注旅游达人的一般也是旅行爱好者，这些达人分享的自然也是粉丝们有共同兴趣点，能得到粉丝们认同的内容。

4. 传播范围广泛

传统的口碑影响范围小，耗费时间长，单凭人们的口耳相传较难在短时间内取得理想的效果。而在微博上，一条微博发布后，经过多人的转发和评论，可以将其展现在千万人眼前。比如新浪重庆的“做一回重庆人”活动之中，其发起活动的种子微博经过多位明星和微博达人的评论和转发后，覆盖人群数量上千万，引起巨大的反响，吸引众多微博用户将注意力集中到重庆旅游和这个活动本身。

二、微博口碑营销的开展步骤

1. 利用微博达人传播口碑

据新浪有关数据显示：94% 的微博用户在发布微博时，会考虑他的粉丝的感受，这表示，微博用户愿意分享他的粉丝感兴趣的内容，也就是说，用户可以帮助活动方进行宣传内容的编辑。同样以新浪重庆为例，在活动初期，新浪重庆会联系各个微博达人（大小群体中的意见领袖），邀请他们参与进来，与新浪重庆共同传播相关资讯。微博达人根据自己的感受发布体验报告，分享给自己的粉丝群体。2013 年新浪重庆的城市旅游宣传活动“做一回重庆人”邀请了数十位微博达人参与，这些人来自全国各地，来自各行各业，并非什么大明星，但其背后都拥有数十万计甚至百万、千万计的忠实粉丝，每位达人就像是一张报纸、一本杂志甚至一个电视台，他们发布的口碑内容足以形成巨大的影响。

2. 选择优质内容塑造口碑

要将微博上零散的碎片化的口碑内容整合起来，建立企业的官方微博，根据品牌或商品的属性定位微博风格，或活泼俏皮，或严肃谨慎。用官方微博账号发起讨论，鼓励用户发表对商品的看法，将用户原创的内容转发到官微中，集中推送给广大受众，通过用户的原创内容和官微自身发表的通稿建立起品牌形象。另外，官方微博的发展是一个长期的需要坚持的过程，譬如在新浪重庆的“带着微博去渝中”活动中，新浪重庆首先帮助渝中区旅游局建立官方微博 @ 微游渝中，用该账号发布一些渝中区旅游的咨询，转发网友们分享渝中美食美景的微博，同时不定期地举办抽奖活动增加粉丝量，依靠长期、即时的优质内容更新留住粉丝群。

3. 设计话题助推口碑传播

微博口碑营销是一个创立话题、炒热话题、维护话题的过程，话题属于一种议程设置。通过创立话题进行议程设置，可以吸引微博用户的注意，邀请网友参与到话题的讨论中炒热话题，以此提高相关企业品牌的知名度。在话题讨论中，有意识地对用户的讨论方向进行引导，使用户的注意力集中在品牌或产品本身上。上述的渝中区旅游宣传活动“带着微博去渝中”全程设计了六个话题，分别对渝中区的美食、美景、文化等方面进行讨论，在一波接一波的话题中，提升渝中区旅游的知名度，增加用户的好感度。

4. 鼓励用户交流获取口碑

在微博口碑营销中，若是能在用户间建立关系，增强用户间的交流，一是可以增加获取用户口碑的机会，使口碑内容的传播效果

最大化；二是可以增进用户间的情感，增进用户黏性，从而加强口碑的说服力。通过线上活动聚集有着共同兴趣爱好的微博用户，组织线下活动促进用户之间的交流。新浪重庆每一次活动都邀请知名博主和新浪其他地方站评论或转发种子微博，扩大活动的影响范围，带动更多的参与者。

5. 优质服务客户传承口碑

口碑营销注重的是用户的体验，只有用户感受到商家的诚意，受到商家尊重，使用到好的商品，用户才会有动力对产品信息进行分享，才会愿意向自己的粉丝推荐产品推荐商家。“做一回重庆人”活动中，新浪重庆对参与活动的微博达人的照顾可以说是无微不至，安排专人为达人接机，为达人们准备专属的生活包，尽量让达人们在重庆观光游览的几天中过得舒适愉快。达人们对新浪重庆和重庆的印象非常好，发布的微博自然也充满赞美之情，进而让全国的网友们了解到重庆热情美好的一面。

三、微博口碑营销成功的要素

1. 善于借势，利用热点事件辅助传播

微博口碑营销的内容不同于事件营销等内容，缺少爆点，因而往往难以取得较为轰动的传播效果。微博口碑营销要能够取得好的效果，就必须保证话题热度，累积足够的阅读率，这样才能让广大网友接触到口碑内容，从而影响他们的心理，促使他们做出购买决策。而为了促进口碑内容的传播，利用相关热点事件借势传播成了微博口碑营销中的重要环节。想办法将口碑内容与热点事件发生联系。让口碑内容能够依托热点事件，增加话题量。新浪重庆在进行“带着微博去渝中”的话题推广时，就借势“重庆新浪微博成立 4 周年”线下活动，将目的地客户纳入活动现场环节。引导每名网友现场发布话题微博，最终一小时内话题数量暴增，“带着微博去渝中”顺利冲上话题榜，吸引更多的网友点阅该话题。

2. 整合资讯，打包相关信息集中传播

口碑内容大多是微博用户自发发布在微博上的，参与发布的用户与其发布的相关微博越多，口碑内容就显得越混杂、越零碎。部分用户优质的口碑内容难以传达给更多的网友，使得通过其中某一条微博对产品产生兴趣的网友很难再找到其他的相关讯息，也就无法进一步打动网友，更无法达到好的营销效果。此时就需要用到官方微博，搜集网友们优质的原创口碑内容转发到官微中，结合一两句点评或互动增加用户的亲近感，鼓励用户进行口碑内容的生产。另外，定时整合原创内容做成长微博还可以方便用户检索需要的信息，对他们持续产生说服作用，强化营销效果。

3. 直面差评，减少影响消极的负面传播

口碑内容有好有坏，虽然在一般情况下，微博上好的口碑内容频现，但也不乏对产品或对企业的质疑，甚至是情绪过激的抨击。部分企业会选择忽视这些负面内容，强调好的口碑内容，但负面内容数量虽少，却容易在用户心中埋下质疑的种子，抵消正面口碑内容的积极作用，在潜移默化中造成对品牌形象的伤害，长此以往最终会影响到企业销售业绩。面对这部分信息最好的办法就是直面它，第一时间做出解释，提出解决方案，向用户展现企业的诚意，尽可能减少对品牌形象的伤害。对负面内容处理得当，在一定程度上还能提升企业的正面形象，增加用户对品牌的好感。

第二节　典型案例梳理

一、做一回重庆人

★事件概述

“做一回重庆人——2013 微博达人重庆行”是由新浪网和重庆

市网络媒体协会主办的一次城市营销活动。主要内容是邀请来自全国各地的微博达人前来重庆旅游，看重庆发展，观重庆文化，品重庆生活。5 月 26 日深夜，“做一回重庆人”——@ 新浪重庆 官方微博发布的一则招募 40 位达人免费游重庆的信息引起网民们的关注。按招募说明，达人们将来渝 4 天深度体验重庆生活。对重庆的好奇以及全程免费的声明，一下击中了网民的心理，次日这条微博便转发过万。

至 6 月 6 日下午，获邀达人名单出炉时，“做一回重庆人”活动消息的传播，已覆盖过亿微博网民。而名单中不乏粉丝数量达百万级别的“大 V”，甚至红遍微博界的“延参法师”、响彻传媒界的北大新闻与传播学院教授程曼丽、在重庆长大又闻名全国的导演张一白、著名音乐人 @ 洛兵、星妈 @ 涛儿妈 等都在其列。陈坤、李云迪、蒋勤勤、吕一等重庆籍明星，都纷纷通过微博转发支持家乡。与此同时，此次城市营销的创新方式，也引起重庆及外地媒体的关注。14 日下午，招募的微博达人抵达下榻酒店时，已有多支“长枪短炮”严阵以待。

在抵达重庆后，活动主办方通过带领微博达人参观渝中区朝天门规划馆、两江新区规划馆，向他们展示重庆令人振奋的发展规划。第二天参观长安福特二工厂、西永微电子产业园区，让达人们感受重庆工业发展的硬实力；游览重庆大学、四川美术学院，带达人们领略重庆的文化软实力。第三天游磁器口古镇和白公馆等历史遗迹，吃重庆火锅等特色美食，感受重庆深厚的历史文化底蕴。

微博达人们在游览的同时，通过新浪微博发布自己的所见所闻所想，经由微博粉丝转发评论，对重庆做了一次效果极好的城市宣传。

★案例亮点

◆敏锐捕捉用户需求，大胆策划创意活动

2013 年的重庆经历了众多事情后处于一个比较尴尬的地位，当时许多人对重庆充满好奇，很多重庆人都收到了外地朋友的关

心——“重庆现在怎么样啊？”，但当时重庆本地人自我感觉生活一切照旧，并没有外地传言的动荡不安。在这样的一个时间点，重庆急需要向外界展现自身的现状，告诉外地人重庆人现在的生活究竟怎样，去传递一种正能量，重塑重庆形象。基于这一点，新浪重庆提出了一个大胆的概念：做一个邀请大家来重庆看看的活动，让网友通过自己的眼睛来看重庆这个城市现在是怎么样的状况，重庆人的生活是什么样，而不是通过重庆人来了解重庆。活动取名为“做一回重庆人”，就是希望能把网友融入这个城市，让网友不仅仅作为一个观察者，而且作为一个参与者甚至是作为一个生活体验者，和重庆的普通老百姓一起体验重庆的生活，最终将其在活动过程中体验到的重庆的点点滴滴和自身对重庆的看法传递给更多的人。

◆大力调动网友积极性，联动媒体广泛宣传

活动初期，新浪重庆用官方账号发布了种子微博（见图 4-1）招募参与者，积极邀请明星或微博达人在种子微博发出后的一周内不断转发推广，同时借助明星效应为活动造势，最终取得了极好的宣传效果。

#做一回重庆人#【全国招募40名微博达人闯重庆】看重庆发展，观重庆文化，品重庆生活！2013微博达人重庆行活动启动！想变身重庆人，赶快转发此微博报名并@你最想力邀的明星或达人，就有机会来重庆深~深~深度体验四天！飞机票、吃、住、行、土特产...@新浪重庆 全包了！！详情见 网页链接

2013-5-26 22:32 来自 微博 weibo.com

收藏 | 转发 20507 | 评论 9375 | 371

图 4-1

优质网友疯狂参与

最突出的效果是优质网友的疯狂参与，在参与活动的网友中，活跃用户比例超过 93.24%，每一个人都表达了想要参与重庆行的热情。

据统计，参与活动的微博用户达到 13 093，其中达人用户占到了 48.07%，共计 6 294 人，50 家媒体官博进行了转发，751 个黄 V(个人认证微博)、85 个蓝 V(企业认证) 微博转发了新浪重庆的招募微博。30.28% 的用户共 4 629 人直接转发了招募微博，10 656 名用户再次转发了该微博，最多转发层级达 8 级。话题单日提及量最高达 1 317 次，登上本地热门话题榜。

（2）名人明星热情互动

此次招募活动还吸引到了全国各地的名人大咖。粉丝数达 10 万以上的用户达 750 名，粉丝 5000 以上的达人微博、官方微博账号共计 1 021 个。

如“史上最萌法师”延参法师：像我长得这么丑的，不知道可以去吗? 形成了总计 463 条二次转发 (见图 4–2) 。

#做一回重庆人#在庆爷心中@延参法师 是最帅的男人，很想和你在一起呀 不知道重庆人民是否同意 //@延参法师:像我长得这么丑的，不知道可以去吗?

@新浪重庆

#做一回重庆人#【全国招募40名微博达人闯重庆】看重庆发展，观重庆文化，品重庆生活！2013微博达人重庆行活动启动！想变身重庆人，赶快转发此微博报名并@ 你最想力邀的明星或达人，就有机会来重庆深~探~深度体验四天！飞机票、吃、住、行、土特产...@新浪重庆 全包了！！详情见

网页链接

2013-5-26 22:32 来自 微博 weibo.com　　转发 20507 | 评论 9375 | 371

2013-5-29 12:42 来自 iPhone客户端

图 4–2

知名电影导演、小马奔腾集团副总裁张一白：重庆人，故乡行，走起，转起。

快乐大本营主持人杜海涛的母亲@涛儿妈：哇，涛儿妈好期待哟（见图 4-3）。

#做一回重庆人# @涛儿妈 请帮我们转达给快乐家族，我们想听何老师@何炅 在解放碑中心唱《山茶花"开》、想看娜姐@谢娜 在观音桥跳坝坝舞、想和非常strong的@杜海涛Hito 在南山烫火锅 //@涛儿妈：哇，涛儿妈好期待哟

@新浪重庆 V

#做一回重庆人#【全国招募40名微博达人阅重庆】看重庆发展，观重庆文化，品重庆生活！2013微博达人重庆行活动启动！想变身重庆人，赶快转发此微博报名并@你最想力邀的明星或达人，就有机会来重庆探-探-探度体验四天！飞机票、吃、住、行、土特产...@新浪重庆 全包了！！详情见

网页链接

2013-5-26 22:32 来自 微博 weibo.com　　转发 20507 | 评论 9375 | 371

2013-5-30 14:02 来自 微博 weibo.com

图 4-3

北京铁路局党委宣传部长岳石军：俺弱弱地问一句：俺行吗?

据统计，加 V 网友转发人数达 886 人，并在 5 月 29 日 12:30 分延参法师转发后达到转发峰值，即时转发 171 次。

新浪平台全国联动

此次活动建立在新浪网巨大的网络平台上，汇集了来自全国各地的能量。新浪总部@微驴友 @微星控 @微球迷 @微吃货 @微博宠物 @微影迷 @微摄友 @微潮人 @微乐迷 @微书友 @微漫友 11 个覆盖不同网络人群的官方微博账号也对活动进行轮番转发，覆盖微博粉丝上千万。

海南微生活、山东微生活、山西微生活、无锡微生活、新浪安徽、新浪广东、新浪河北、新浪河南、新浪黑龙江、新浪湖北、新浪湖南、新浪吉林、新浪江西、新浪辽宁、新浪陕西、新浪上海、新浪四川、新浪天津、新浪厦门、新浪云南、新浪浙江、新浪江苏等地方站官方微博悉数转发，带来了大量的网友关注。

各类媒体争相报道

人民网、新华社、中新社、中央人民广播电台、重庆日报、重庆晚报、重庆晨报、重庆时报、重庆电视台、今日重庆、华龙网、大渝网等多家国内知名的媒体报道活动情况，发表图文稿件数十篇。搜狐、网易、凤凰网、和讯网等100余家大型网站对活动新闻进行了转载报道。截至6月3日，百度搜索“微博达人重庆行”关键词，可找到相关结果4 720 000个 。

◆仔细安排活动分工，精心规划活动方案

活动筹备阶段，新浪重庆将工作人员分为五个组，分别是：接待组、活动组、推广组、招商组和记录组。将活动具体的分工细分到每一组，环环相扣，不放过每一个环节（见图 4–4）。

接待组	活动组	推广组	招商组	记录组
达人名单邀请	活动物料筹备	外部媒体对接	活动招商推进	全程摄制跟拍
达人航班安排	出行交通协调	专题制作推广	餐饮住宿置换	纪录片编剪审
达人接待陪同	餐饮住宿安排	微博推广直播	礼品招商置换	微博书灌录
达人推广联动	接待晚宴把控	内广外广投放	硬广投放跟进	结案报告制作

图 4–4

同时，新浪重庆对活动方案进行了 70 多次修改，不断开会、论证，对景点进行反复勘察，确保活动的每一个细节必须规划到最精密，活动的每一个环节必须预设到最周密。在人员安排上，每一个岗位至少安排 1 人，接待组将工作详尽分解，大队长、小队长、副队长、机动队长各司其职，坚守岗位，通力配合，执行的每一个细微动作都有专人紧盯，重要岗位的职责分担保证掌控到位；从 24 000 多个报名达人中筛选出 60 名最佳人选，不能只是“大海捞针”，还必须对“每一根针”都做出科学比对。确保邀请真正有能量、有话语权的嘉宾，请来真正有分量、有影响力的达人。单独列出晚宴组，专门筹备接风宴，留下完美初印象。致辞、互动、抽奖、交流，每一个环节都不容轻视、必须精心设计。用热情周到的服务让达人真正做一回重庆人，用礼仪诚意让嘉宾感受活动高水准。在细节方面，重庆特产大礼包作为伴手礼，设计不同的达人证、队旗颜色及标识便于区分，路线、预案每一步都要踩得踏实。对细节、对流程环节的反复推敲，对生理、对心理感知的情景代入，在活动前对工作人员进行动员，分组开会、全员大会，分组领导、统筹领导反复地动员、解说，务求调动每一个工作组成员的积极性，确保人员的专业性。

图 4–5

五六月的重庆天已经开始热起来了，为了使达人们在重庆的生活体验更为舒适，新浪重庆方面的工作人员在随行的工作包里准备了各种解暑品如风油精等以防万一。给每一位达人发放生活包，里面包含温馨提示卡、画册、路书、帽子、小扇子、风油精、湿纸巾，在达人到来前提前候场。清凉饮品、矿泉水每天随车发放，每晚清查补足。酒店每晚均准备消暑饮品，为达人解乏。另外，新浪重庆联合中国人寿保险，为每一位参与“做一回重庆人”活动的外地达人购买旅游保险，为他们的安全作保证。

图 4–6

在带领达人参观游览的过程中，先是安排一位大队长随车讲解，每到一处景点之前，对景点进行统一讲解。再配备一位小队长随队讲解，到达景点之后，紧跟各队达人沿路讲解。对每一位达人的疑惑与问题都耐心倾听，不厌其烦地解释，照顾好每一位达人的感受。

图 4-7

活动举办期间，刚好遇到著名音乐人洛兵的生日。当天，新浪重庆还精心准备了生日蛋糕，60 位达人与他共庆生辰，其乐融融。用真诚感动达人，用心去做他们的朋友，让达人感受到主办方的诚意。

◆注重达人反馈，线上同步报道

活动期间，达人们会自主发布微博表达自己的所闻所见所想，但对活动的整体报道还是以新浪重庆官方发布的信息为主。新浪重庆方面用民生资讯账号 @ 渝小新 即时发布活动进程（见图 4-8），让未能参与到活动中的网友也能了解到重庆的人文风情。

#做一回重庆人#【品味红色之旅】湖广会馆：建于清乾隆二十四年，建筑浮雕楼雕十分精湛，是中国现存规模最大的古会馆建筑群。徽式建筑与江南园林相结合，又坐落于江边，可谓集大成者。知道历史的达人@张振华 当起了客串讲解员，这阵势专业不？@中国人寿深圳分公司 @重庆移动网上营业厅 @无线城市-重庆城

图 4-8

每天晚上，由官方账号@新浪重庆 对当天的活动做一个总结，将@渝小新 和微博达人们的微博汇总整理成一条长微博，用生动的照片和俏皮的文字对当日完整的行程进行阐述（见图 4–9）。

图 4–9

最终达人们也在微博上对本次活动和新浪重庆的努力表示肯定，通过他们发布的微博对重庆进行了一次效果良好的城市形象宣传，让更多的人关注重庆、了解重庆、爱上重庆：

@我们在路上微博：#做一回重庆人# 第一次到重庆，瞬间被@新浪重庆 的热情与细心打动，各种攻略册和防晒品，重走青春路，我在重庆；喜欢重庆、爱上重庆的同学请自动转发。最后秀一下这次旅行的行程单~朝天门水煮鱼火锅我来了！

@张振华：#做一回重庆人#【重庆，非去不可】@新浪重庆 @周燕 我在重庆待了四天，感悟：有一种非吃不可叫重庆火锅，有一种非赞不可叫重庆美女，有一种非看不可叫重庆夜景，有一种非逛不可叫解放碑步行街，有一种非常舌尖叫重庆小面，有一种非常深刻叫重庆人的热情豪爽，有一种非常案例叫全国微博达人重庆行活动…

@江南浪子万军：感谢@新浪重庆 和重庆市有关方面精致的安排，深度看重庆，深深爱重庆，虽然时间不长，但却非常丰富，策划高位，接待高质，手法高新，效果高远。耳濡目染下，一步一倾心，曲终人散后，重庆更辉煌！爱重庆，爱家乡，既然#做一回重庆人#，重庆算作第二故乡，我，还会回来的！

@ 洛宾：怡宁火锅一顿大酒，各种戏剧，各种喜剧，各种醺，意犹未尽，驱车前往南山一棵树。阶梯很陡，爬啊，爬啊，恍兮惚兮快累死的时候，突然看到了满江美景，顿时呆了。想不到什么更好的词来形容，只是决定回去以后，要写一首歌，就叫作《南山一棵树》# 做一回重庆人 #

★案例评析

“做一回重庆人”已经成了新浪重庆的特色品牌活动，无论是活动的线上宣传还是活动的线下执行，新浪重庆的专业和敬业都使得这个活动愈发完善。在这个案例中，新浪重庆准确地把握住口碑营销的核心要素，借助新浪微博这一平台充分发挥达人及达人所拥有的强大粉丝群的作用，做好了此次营销。

◆联动媒体与达人共推广

口碑营销要想做得好，首先是要扩大活动的影响范围，提升活动的知名度。新浪重庆借助微博这一平台，一方面通过发布种子微博，将官微的活动信息公布出去；另一方面在活动过程中通过各级媒体的追踪报道提升活动的热度，扩展活动的影响范围。口碑营销中最核心的一个环节就是将信息传达给其他用户的意见领袖，也就是本次活动中的微博达人们。新浪重庆想要通过举办“做一回重庆人”的活动搭建起平台广聚微博“大 V”，以此吸引上亿粉丝围观重庆，因此对达人的科学筛选就变得十分重要。

这次参与的微博达人，其背后都拥有数十万计，甚至百万、千万计的忠实粉丝，每位达人就像是一张报纸、一本杂志甚至一个电视台。如：有拥有 630 多万粉丝的网络名人“延参法师”为代表的现场参与，有拥有 30 万粉丝的影视明星蒋勤勤专门为活动录制的视频互动，还有拥有 4 000 余万粉丝的重庆籍明星陈坤的微博参与转发等。截至 6 月 19 日 19 时，来自全国 31 个城市的 55 位微博达人共发布 1 180 余条原创微博，活动发起的“做一回重庆人”

微博话题提及量达 95 931 次，阅读覆盖人数达到 1.7 亿人，全国共有 400 余家媒体报道或转载了相关新闻 700 余篇。百度搜索“微博达人重庆行”关键词，可找到相关结果 494 万个。其中，单条微博最高转发量为 24 660 次，评论 9 381 条。

◆视角创新助推城市营销

在重庆亟待正面宣传塑造城市新形象的时候，新浪重庆没有随大流进行官方的宣传活动，而是另辟蹊径，号召本身极具影响力的微博“大 V”来重庆参观游览，透过他们的视角来看重庆，让这些人自己发声告诉其他人现在的重庆怎么样，重庆人的生活又是什么样的状态。而他们视角里的重庆可能会比官方的宣传更有特色、更具魅力，他们对重庆的阐述显得更为客观、更有吸引力（见图 4–10）。

@喜宝芳芳

#当一回重庆人#磁器口古镇，始建于宋代，拥有"一江两溪三山四街"，拥有"小重庆"之称，古街拥有丝绸、特产、餐馆、摄影室、咖啡馆、青年旅社等等特色商铺。@码头汇 算是很地道的特色餐馆，美食我要晚上发，主要介绍下美女掌柜及川粹变脸~最用心就是那个小新"糖登风"，我说对没？@渝小新

2013-6-15 16:19 来自 Android客户端　　转发 14 | 评论 16 | 1

图 4–10

官方的通稿通常无法满足人们对相关信息细分化的需求，每个人对信息的要求各有特点，达人们作为各自不同领域里的意见领袖，对重庆的关注会落脚在不同的点上，从而吸引不同爱好的受众。譬如摄影达人会更关注重庆的美景，他们在微博里所展示出的就是他们用自己的相机记录下的重庆古朴的建筑、绚丽的夜景和动人的山水；美食达人则关注重庆的各种美食，他们展现给网友的就是麻辣鲜香的火锅、香甜可口的麻花等。达人们在与网友的微博互动中展现出重庆的方方面面与点点滴滴，这样平民化互动的宣传比官方媒体的单向报道更能击中人心（见图 4–11）。

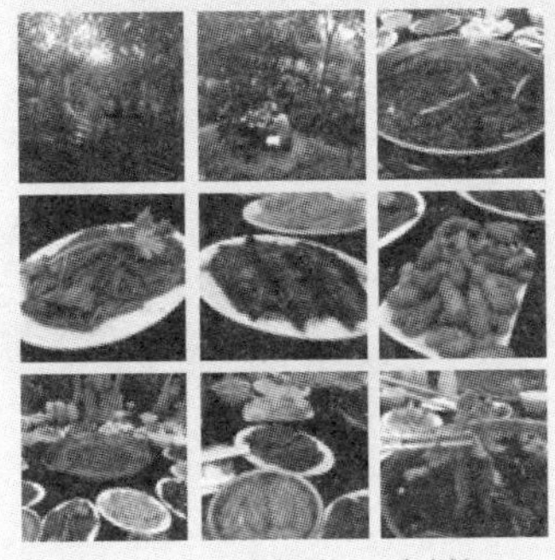

图 4–11

◆精心组织策划加强体验感

要使达人们作出良好的反馈，最重要的就是增强达人的体验感，让他们在活动过程中感到舒适、愉悦、满意。活动初期，新浪重庆的工作人员就在各种环节上苦下功夫：反复勘察相关景点，力求将重庆最美的一面展示给大家；用心筹备各类降暑物资，让达人们在火热的重庆过得更为舒适；给每位达人赠送一个新浪专属充电宝（见图 4-12）、邮票，晚到的达人也由小队长及时补足，让每一位达人满载而归。让达人在活动中感受到新浪重庆对他们的重视，感受到重庆人的热情，对重庆这座城市产生由衷的喜爱，由此发出的点评将会更具感染力。

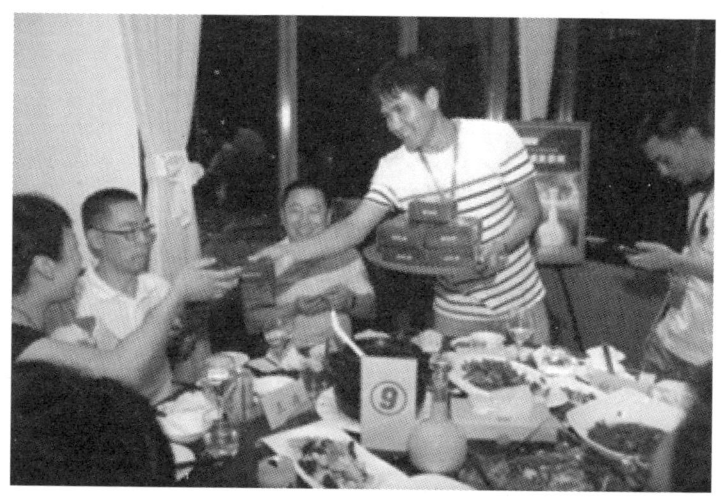

图 4-12

二、带着微博去渝中

★事件概述

为进一步扩大新浪的品牌影响力，探索社交媒体发展新模式，2013 年新浪整合“新浪网 + 新浪微博 + 移动手机端”黄金资源，结合时下最新的互联网线上活动互动形式，集中力量打造“带着微

博去旅行 ” 主题旅游活动。本次活动与旅游行业紧密关联，集合新浪全站资源强势推广，线上广告曝光价值超过 5 000 万，发动 6 亿微博用户引发新一轮微博盛宴，吸引 5 000 万人参与，引发微博传播量超过 3 亿。由 @ 重庆旅游 账号发布原始种子微博，用抽奖活动调动网友的积极性，吸引网友参与到这次活动中，发布原创微博，共同发现渝中的美。

“带着微博去渝中”项目合作期间正值渝中区旅游局开展“一会一节”活动。借此机会，开通 @ 微游渝中 官方账号，将“一会一节”宣传融入“带着微博去渝中”活动，活动期间打造了六条旅游攻略及路线，通过线上线下活动结合，做到周周有活动，期期有亮点。渝中旅游在本次推送中，得到全国网友的关注，以平均每天 539 人的速度增加粉丝。9 月 30 日当天旅游微话题栏目，“带着微博去渝中”以 21 356 次排名全国第一，超过北京、香港、三亚等热门旅游地区。

★案例亮点

◆开荒：有奖活动 + 亮点话题刺激网友参与

活动的第一步就是通过渝中区旅游局官微账号 @ 微游渝中 和新浪重庆的 @ 重庆旅游 共同发布种子微博，两个账号联动新浪重庆其他官方微博转发评论，扩大相关内容的覆盖人群，利用渝中区特色引起网友兴趣和参与投稿的积极性，积累初步话题量。在这一环节，新浪重庆采取的推广策略为：有奖活动 + 亮点话题。

首先是举办有奖活动，新浪重庆将此次带着“微博去渝中”拆分出六项主题活动，通过六项活动展现渝中区旅游文化的不同方面，六项活动分别为：【渝中美食老字号】【渝中漫生活】【渝中夜逍遥】【渝中抗战文化】【渝中特色住宿】【渝中寻古迹】，并制作了六条旅游攻略及特色旅游路线。其中，后三项主题整合为一项节庆活动【国庆豪礼大放送】。而有奖活动正是以这六项活动为主题而举办的。通过四次有奖转发活动（见图 4-13），调动了网友们的积极性，让网友们主动参与到活动中来，自发地转发微博并加上自己的观点看法，将自己对渝中美食美景的认识分享给自己的微博粉丝。在互动过程中，一方面对“带着微博去渝中”这项活动做了有效的推广，扩大了信息的传播范围，另一方面也通过这四次活动逐步展现了渝中的美食、风景和文化。

有奖主题活动一：【回味渝中美食老字号】

#带着微博去渝中#【回味渝中美食老字号】小滨楼、九园包子、吴抄手、陆稿荐、正东担担面……吃过三家以上就说明你已经老了！更多老字号美食：http://t.cn/zQmt51f 关注@微游渝中 转发微博说说渝中老城里哪些老字号是你最怀念的味道？就有机会获得渝中老字号名店价值300元的代金券，共40份哦！

8月10日 11:14 来自专业版微博 | 举报　　(74) | 转发(901) | 收藏 | 评论(523

有奖主题活动二：【渝中漫生活】

@微游渝中 V：#带着微博去渝中#【渝中漫生活】岁月静好，何不"漫"生活?漫游在咖啡、茶舍、书吧、山城步道，抑或和心爱的TA在@重庆万豪酒店 来一次浪漫之约。http://t.cn/zQlUd11 说说你最爱的"漫"生活方式，关注@微游渝中 并转发微博即有机会获得神秘大奖，共计40份，总价值2万元哦~

8月26日 09:19　来自专业版微博　　转发(1125) | 评论(826)

有奖主题活动三：【渝中夜逍遥】

@重庆旅游 V：#带着微博去渝中#【渝中夜逍遥】让晚上风情万种的渝中占有你的夜生活吧！吃夜宵、喝夜啤酒、乘两江游轮看半岛夜色，览两江夜景。怎么玩→http://t.cn/z8IHNrJ 关注@微游渝中 转发本微博并@ 身边的夜猫子，即有机会获得【两江游免费体验+KTV欢唱券+美食代金券】去分享渝中夜生活→http://t.cn/zQlUd11

9月5日 16:18　来自专业版微博　　转发(1063) | 评论(303)

有奖主题活动四：【国庆豪礼大放送】
——综合【渝中抗战文化】【渝中特色住宿】【渝中寻古迹】

#带着微博去渝中#国庆豪礼大放送！带上话题转发评论并@ 5位好友，说说你最爱渝中的理由，就有机会获得以下全部奖品！价值超过1000元@重庆天地 代金券+138元@重庆海逸酒店官方 自助餐+100元@阿米咖啡与花 咖啡与蓝白玫瑰+ @精典书店 王森亲笔签名的《因为有你，所以参差》1本+@重庆湖广会馆 门票 1张

+加标签

9月29日18:28　来自专业版微博　　置顶　删除　转发(2082) | 收藏 | 评论(815)

图 4-13

另外，新浪重庆制作出了一个吸引人眼球的亮点话题：【“被玩坏的”九园包子】（见图 4-14）。新浪重庆的编辑为渝中老字号九园包子构想出九种不同的吃法：最文艺（与紫砂壶搭配在一起）、最虔诚（包子钱点上三根香烟）、最装X（用西式刀叉吃）、最江湖（配上烟酒）等，并拍下照片制作成长微博和动图由 @ 重庆旅游 发布。如此恶搞的吃法引来众多网友评论转发，在该微博下不乏有人询问“这个九园包子哪里有卖？”，不仅推动“带着微博去渝中”这一话题热度的上涨，还为渝中的九园包子做了一次效果极好的宣传。

亮点话题：恶搞渝中老字号【“被玩坏的”九园包子】

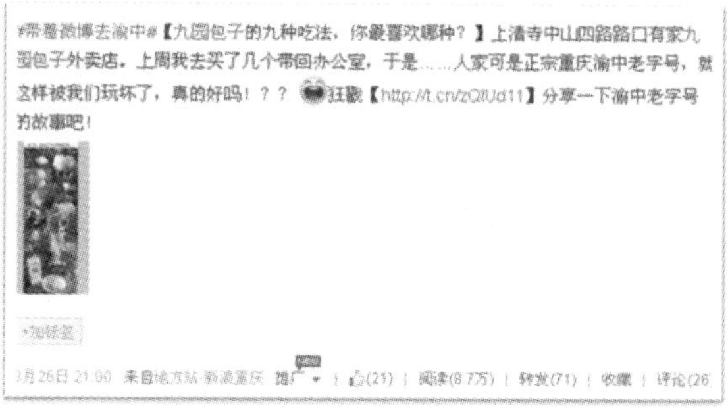

#带着微博去渝中#【九园包子的九种吃法，你最喜欢哪种？】上清寺中山四路路口有家九园包子外卖店。上周我去买了几个带回办公室，于是……人家可是正宗重庆渝中老字号，就这样被我们玩坏了，真的好吗！？？狂汗【http://t.cn/zQIUd11】分享一下渝中老字号的故事吧！

+加标签

3月26日 21:00 来自地方站-新浪重庆 推广 | (21) | 阅读(8.7万) | 转发(71) | 收藏 | 评论(26

图 4-14

◆引源：挖掘原创优质 UGC 与攻略内容

将话题炒热后，第二步便是创造原创优质 UGC 和攻略内容。口碑营销中网友们自身创造的内容非常重要，他们的内容比官方的通稿更有趣，也更符合受众的阅读需要。为了充实相关的话题内容，新浪重庆采取以下四个策略鼓励网友生产原创内容。

邀请“大 V”及 25 个地方站炒热“带着微博去渝中”话题

新浪重庆联动微博“大 V”和 25 个地方站共同为活动造势。将官微与“大 V”的互动、其他地方站的转发贯穿于整个活动过程中，全程不放松线上微博信息的推送，尽力保持话题的热度，同时注重原创内容的质量，保证话题的吸引力。

首先是邀请微博“大 V”创作发布与渝中区旅游景点相关的微博内容，如摄影达人发布自己拍摄的渝中区美景照片，旅游达人发表自己原创的渝中区的旅游攻略，美食达人谈谈自己对渝中老字号美食的看法。随后由 @ 新浪旅游 和 @ 微游渝中 两个账号将部分网友创作的优质内容转发出来，让更多的人看到 (见图 4–15)。

同时联系新浪其他地方站，邀请各地方站转发种子微博，共同推动话题的进一步发展，持续炒热话题，拓展内容传播的覆盖范围。利用“大 V”和地方站的影响力提升话题的点阅率，进而吸引更多的微博达人参与到此次活动中，鼓励原创内容的发表，形成良好的互动效果。

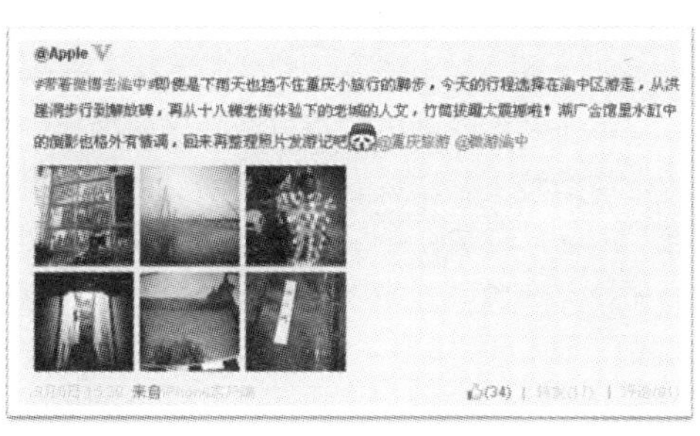

图 4–15

通过线上征集组织线下活动，带领达人现场发话题微博

要想一直保持活动的热度，仅仅有网友们发布的分散零碎的话题微博是不够的。新浪重庆在活动的第三期【渝中夜逍遥】这个项目中征集了大量的网友，通过线上微博活动的形式，引发网友对渝中夜逍遥的讨论，同时让渝中不夜城的品牌形象深入大众。

首先是做侧面宣传：通过新浪总部推荐 @ 微游渝中 单条夜景微博的形式，促进网友对【渝中夜逍遥】活动的关注。另外，丰富有奖活动中奖品的内容，新浪重庆方面把活动奖品分为三类，内容丰富，主题明确，刺激网友参与活动。另外通过奖品性质锁定活动主题，吸引网友浏览【渝中夜逍遥】全攻略。同时利用全国的新浪渠道资源，让本次活动不仅在新浪网首页、新浪重庆站首页及新浪重庆官方微博展示，而且得到全国 25 个地方站旅游频道的集中推广，甚至在每个地方站旅游频道首页以图片导向微博的形式集中推广。最重要的是组织线下活动促宣传，为增加活动效果及突出“山城江城不夜城”的品牌形象，新浪重庆邀请重庆地区知名摄影师，夜拍渝中，后将作品在微博上集中宣传，加强渝中夜旅游品牌在网友心目中的印象（见图 4–16）。最终 10 名摄影达人发布“带着微博去渝中”夜摄大片 30 多张。

图 4–16

借势【新浪重庆微博成立 4 周年】线下活动

【新浪重庆微博成立 4 周年】是新浪重庆组织的线下庆典活动（见图 4-17），为了丰富庆典活动内容，同时助力“带着微博去渝中”活动的传播，新浪重庆把“带着微博去渝中”话题加入庆典活动专题，将目的地客户纳入活动现场环节。引导每名网友现场发布话题微博，一小时内话题数量暴增，“带着微博去渝中”顺利冲上话题榜。

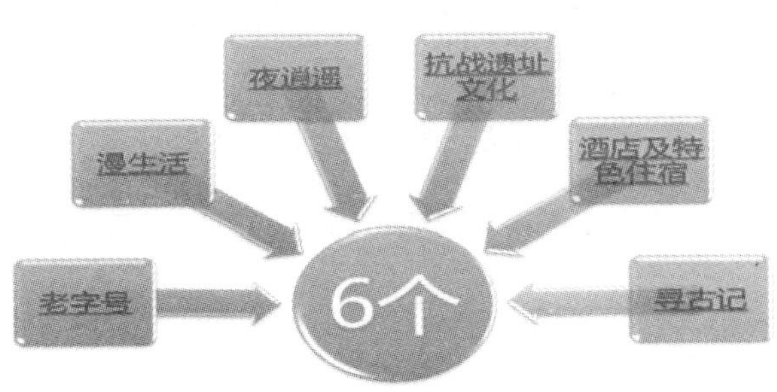

图 4-17

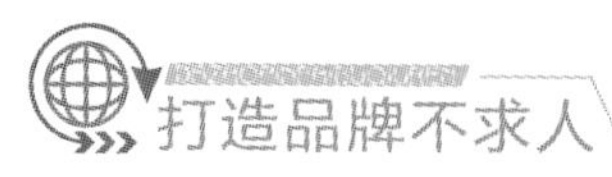

编辑原创渝中旅游攻略，全面铺垫、引导渝中旅游行程

为使网友得到更好的旅游体验，新浪重庆结合网友自制攻略与相关资料，创作出完整的全方位的渝中旅游攻略，包括渝中的美食、美景、住宿等各方面，为想要来渝中旅游或即将来渝中旅游的网友提供完备的攻略信息，让他们对渝中有一个更为深入的认识，对 @ 微游渝中 账号的长远发展有着重要的意义。

◆借势：全面扩大话题量

活动开始举办后，新浪重庆持续助推“带着微博去渝中”话题，多渠道联动强势助推“带着微博去渝中”微博热门话题榜冲顶。一方面是利用微博活动有奖刺激网友参与活动。发起召集微博【限时抢票放送】，号召网友在某个时间段发起指定话题微博，扩大话题量。

随后联系圈内外微博达人，发布指定话题微博。每个编辑定向邀请 5~10 名旅游达人及“大 V”账号发布微博，既提高了话题数，又保证了内容质量。再结合第十七届重庆都市旅游节暨第五届中国重庆城际旅游交易会，多维度借势，推进“带着微博去渝中”话题量。

9 月 6 日，“带着微博去渝中”登上热门话题旅游类第 1 位（见图 4–18）。

图 4–18

另外，新浪重庆邀请渝中区旅游局局长、文馆所所长、湖广会馆馆长、知名美食达人 @DJ 飞飞哥 做客新浪微访谈，以“带着微博去渝中 山城江城不夜城”为主题，探讨最权威的重庆都市旅游精彩玩法，就重庆旅游、历史、文化、美食等方面和网友畅所欲言（见图 4-19）。在一问一答中解答网友关于渝中旅游的疑问，吸引更多的网友关注渝中，同时借助新浪微博这一平台将这些解答信息广泛传播。这一次的微访谈效果很好，在访谈的 1 个小时时间内，共有网友提问 135 个，回复 69 个，28 371 人围观。

图 4-19

★案例评析

带着微博去旅行本身是新浪微博的品牌活动，新浪重庆将这一品牌活动和渝中区的实际情况结合，做出的“带着微博去渝中”活动取得了很好的营销效果。新浪重庆成为全球第一批 45 个在微博上进行数字化旅游的先行者之一。“带着微博去渝中”话题连续两次排名全国第一，其中一次持续两天。

◆丰富项目宣传方式，线上线下活动结合

新浪重庆在此次活动中不仅丰富了项目宣传方式，还将线上线

下活动相结合，项目影响网友过亿，比如攻略活动第三期，【渝中夜逍遥】活动，让新浪微博用户了解和参与到渝中夜旅游传播中来。将“山城江城不夜城”的渝中品牌形象传达至网友心中，同时，通过丰富的奖品，促进网友积极参与活动。其新浪重庆官方微博 @重庆旅游 不仅通过微博的形式直接宣传渝中夜生活，更自主增加“渝中夜摄”线下活动，进一步加深用户对渝中夜景的印象。配合【渝中夜逍遥】活动宣传，新浪总部独立推荐立体渝中夜景单条微博，取得非常好的效果，单条微博转发量达到 9 713，阅读量接近 3 000 万。

为突出渝中不夜城旅游品牌，全国 25 个地方站旅游频道集中推荐 @微游渝中 官方微博，加强【渝中夜逍遥】活动效果。新浪重庆官方微博账号多次联动转发，在 @微游渝中 账号传播过程中发挥了重要作用。对渝中夜生活、渝中夜景的集中宣传，让“山城

江城不夜城”的旅游品牌形象深入人心。网友反馈积极，特别是对渝中夜景非常感兴趣，没有负面评论，再次反映 @ 微游渝中 正能量的效果。

◆用好官方微博，培养专业运营人员

在此次活动中，新浪重庆与渝中区旅游局合作，创建渝中区旅游局官方微博 @ 微游渝中 ，用这一账号与 @ 重庆旅游 共同发布种子微博，转发网友的优质原创内容，在三个月的“带着微博去渝中”活动中，这个账号快速成长（见图 4-20），从粉丝增长情况来看。@ 微游渝中 官方微博于 7 月 25 日开通，8 月 16 日与新浪重庆合作运营，在 8 月 16 日至 10 月 7 日合作期间，微博粉丝从 248 位增长到 28 783 位，平均以大约 539 位 / 天的速度增长，远超重庆地区政务微博粉丝平均增长水平。活动期间，@ 微游渝中 共发布微博 191 条，博文总曝光量为 3 861 万次。其中活动微博平均转发评论指数为 1 800，平均阅读量 300 万，超过普通政务微博活动水平。

整个官微的微博内容承载商务旅游和文化，涵盖渝中区旅游的方方面面，无论是官微原创发布的微博还是转发的网友内容都能获得较大的阅读量，微博风格活泼俏皮，颇受年轻人的喜爱。尤其是在“带着微博去渝中”期间举办的一系列有奖活动，不仅种子微博获得了大量的转发，还为账号本身带来了众多粉丝，最终的推广效果也是极为可观的。

目前 @ 微游渝中 账号已由初建探索期进入快速成长期，需要更加专业的运营团队，建议配置 1~2 名专职微博运营人员。鉴于前期活动效果直接引发 @ 微游渝中 账号快速成长，建议多做活动，保持其成长势头。

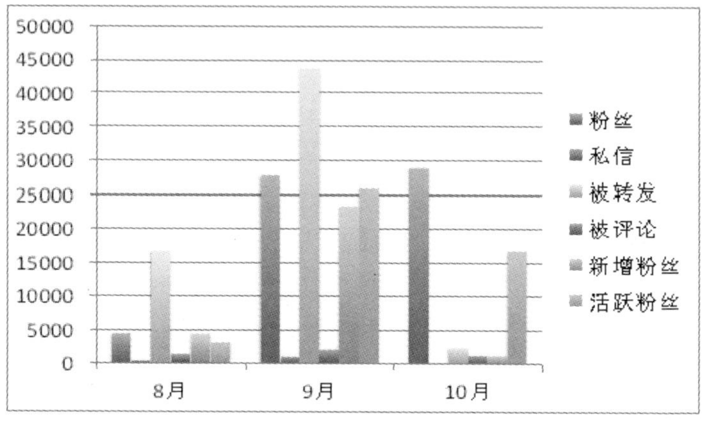

图 4-20

第五章

事件微营销：传承创造力

The fifth chapter

第一节 微博事件营销概述

“事件营销”一词最初由英文 event marketing 翻译而来，美国学者威廉·威尔斯认为：“事件营销用来描述这样一种营销实践，在这个实践中一个品牌与一个事件相联系，为消费者创造一种体验，进而把这个品牌的特征和某种生活方式相联系。”在我国，不同学者对事件营销的理解不尽相同，但内涵基本趋于一致，认为事件营销是指企业通过策划、组织和利用具有新闻价值、社会影响以及名人效应的人物或事件，吸引媒体、社会团体和消费者的兴趣与关注，以求提高企业或产品的知名度、美誉度，树立良好品牌形象，并最终促成产品或服务的销售的手段和方式。

近年来，以微博为代表的网络媒体的快速发展为事件营销创造了巨大的发展契机。借助公开程度高、扩散速度快、传播范围广、参与人数多的微博平台，经过策划的新闻事件很容易在短时间内抢占舆论高地，发挥营销作用。因此，微博事件营销实际上是基于微博而衍生的一种事件营销方式，是以微博为主要传播渠道，以微博用户为主要传播对象，线上线下联动执行，最终达成营销目的。

一、微博事件营销的特点

微博作为网络环境下事件营销的频发阵地，为事件营销带来了全新的思路。与论坛、搜索引擎、网站等网络媒介相比，微博的时效性更强、用户量更大、传播效率更高，而这些优势恰好符合事件营销的需求，在微时代，微博已经成为越来越多企业用户进行事件营销的首选平台。

1. 突发性

事件营销与其他营销方式最大的不同在于其突发性，选题并非经过长时间的酝酿和精心准备，创意和灵感通常来源于偶然的外部突发事件。可以说，成功的事件营销选题是“可遇而不可求”的，关键在于找准事件与营销对象之间的切入点，将营销植入事件之中。在信息量巨大、更新速度快的微博平台，营销事件如果不具备及时、高效的优势，则很容易被持续更新的新闻事件所替代，湮没在海量信息流之中。因此，对于微博事件营销而言，除了需要在第一时间有效捕捉具有话题性的突发事件作为选题，策划团队还需要在极短的时间内制订实施方案，上线推广，这对团队的敏锐度和专业度都提出了较高的要求。

2. 互动性

与传统媒体环境相比，在微博平台上做营销，大大增加了受众的参与度。传统模式下，受众更多的是扮演接收者的角色，在传播链条的末端获取营销资讯。但在微博平台上，受众可以同时扮演接收者、分享者、反馈者三种角色。用户在接收讯息的同时，只要是自己感兴趣或认为有价值的内容，便会以转发的方式分享给粉丝，一个小小的转发动作又会引起营销受众的数倍增长，形成病毒式传播。与此同时，用户在转发过程中通常会写转发语或发表评论。如果说转发是一种态度，那么评论则是意见的表达。策划者可以通过评论了解到用户的意见反馈，企业也可以将反馈内容作为衡量营销效果的指标之一。正是因为如此，基于微博平台的事件营销，策划团队往往更倾向于策划出参与感强、互动性高的方案。如 2010 年的“凡客体”，2012 年走红的“杜甫很忙”事件，2013 年的“酉阳桃花舞”事件，都引发了全民参与热潮，公众的参与和互动给事件本身注入了新的看点，进一步放大了事件营销的作用。

3. 风险性

通常情况下，风险和机遇是并存的。事件营销含有偶发因素，其发生和发展过程也就必然会存在一定的风险。一个事件营销案例，如果运营效果好会被视为“营销”，效果不好则很有可能被视为“炒作”，因此，风险伴随着微博事件营销的整个发展过程。尤其是在网络环境下，微博用户在事件传播过程中的作用难以控制，这个特性也就加大了事件营销发展趋势的不可控程度。一旦对事件本身的预估和把控有偏颇，或是外部因素给事件带来新的刺激点，都有可能改变原有的事件发展趋势，严重的甚至会对企业和品牌带来负面效应。由此，在策划微博事件营销时，不能只考虑事件发展的主观因素和短期效果，更要客观、全面、长远地看待问题，提前设想到可能出现的风险因素，并尽可能地提出预警和应对措施，才能在事件发展过程中及时扭转偏差，有效地控制风险。

二、微博事件营销的实施步骤

企业、媒体和受众作为事件营销的三重主体，在营销过程中分别承担了不同的责任。企业和媒体作为事件的发起和策划者，对事件的演变起主导和宏观把控的作用；而媒体和受众在传播过程中的参与和互动，又会在很大程度上影响事件的走向。事件营销进展是否顺利，取决于这三者之间能否协调运作，为事件的发展起到正向作用。微博事件营销作为新媒体平台上的营销，是对传统媒体环境下事件营销方式的延伸和创新。尽管每个事件的营销策略各有特色，但综观所有微博事件营销，实施的基本步骤大同小异。

1. 确立意向选题

任何一件微博营销事件，在实施的第一步，都需要借用一些焦点事件或热门话题为导火索，从而将营销内容植入其中形成新的意向选题。当然，不同营销案例对“种子”事件的借势程度会有所不同。对于新闻性强、舆论声量高，且和企业自身联系紧密的“种子”事件，则会相对较多地借助原有事件，找准切入点借题发挥；而对于话题性相对较弱或和营销内容关联程度相对较低的“种子”事件，则需要在原有事件的基础上适当“造势”，

更好地切合营销内容。正是由于事件营销的选题由外部“种子”资源和内部策划双重因素的结合体作为事件营销的开端，意向选题显得尤为重要。

2. 联系传播资源

在新媒体环境下，网络媒介资源众多，选择余地较大。事件营销案例，一旦确立意向选题，就需要着手考虑媒介资源问题。而微博以其绝对的传播优势，近年来成为越来越多企业策划事件营销的首选平台。对于企业而言，是选择微博作为单一传播平台还是多种媒介同时推进，传播过程中如何借助用以转发造势的微博账号资源，营销过程中如何引导网络舆论走向等问题都需要企业借助媒介的力量共同协商确定，才能尽可能充分地使用传播资源。

3. 敲定策划方案

事件营销对时间和效率提出了很高的要求，当企业选定媒介平台和传播资源，双方确认合作之后，则必须在尽可能短的时间内提出策划方案，抢占时间先机。一个好的事件营销方案，一方面需要和“种子”事件结合度高，巧妙借力，精准切入；另一方面，还需要有创意、有诚意，不能带有太过于明显的营销痕迹。如果营销的锋芒压过了新闻事件的锋芒，则很可能会引起受众的反感，使得舆论走向朝负面发展，甚至被视为恶意炒作。

4. 执行营销计划

营销策划方案一旦被确定，就可以按计划进入执行阶段。一般来说，营销方案分为线上和线下两个部分。线下部分，通常会结合事件本身植入营销元素，策划一定的实体事件或活动，作为传播的缘由和途径之一；线上部分，首先通过特定微博账号发声，吸引公众和其他媒体注意力，再通过预设的微博“大 V”、草根红人账号的转发，为舆论宣传造势。由此，通过线上线下的有机结合，让受众通过各种渠道充分参与到对事件的讨论和传播当中，引发舆论热议，使得营销内容对受众产生潜移默化的影响，从而达到营销效果。

5. 引导舆论走势

事件营销案例一旦被置于微博平台，必然会以病毒式的传播速度被公众所周知。由于微博平台开放程度高、公众自发性强，对于该平台上公众舆论的监管难度也比较大。在事件的传播过程中，随时都潜藏着风险。一方面可能因为本身策划的不周密引发意料之外的状况，另一方面所借助事件的发展势态也可能出现新的变化。尤其是当外界出现了新的热点事件时，其锋芒很有可能超越营销事件的原有热度，从而打乱营销事件本身的发展节奏。因此，策划团队有必要事先预判可能出现的情况，储备适当的应急方案和媒体资源，才能在整个发展过程中持续占据主导地位，利用所掌握的资源，适时调整节奏，尽可能减小营销事件走向的偏差，起到宏观把控和引导作用。

三、微博事件营销的成功要素

每一例微博事件营销案例都会有各自的特色，成为不可替代的亮点。但综观所有典型的微博事件营销案例会发现，它们必然存在一些共性的特征，是促使营销成功的关键要素。

1. 巧妙结合舆论热点，提高事件新闻价值

微博事件营销可以说是因热点而起，并依附热点而存在。因而，捕捉新锐热点事件，将其与营销对象无缝连接显得尤为重要。与活动营销、内容营销等其他营销方式相比，事件营销最大的优势在于营销事件可以依托原始“种子”事件的热度持续发酵，从某种程度上而言，外部借力的方式为事件的内部发力减轻了一定的负担。也就是说，只要热点抓得好，策划方案出彩，事件具有新闻价值，就必然会吸引大量的网民甚至其他媒体的眼球。除了自身事前准备的微博账号资源和新浪平台资源外，微博用户的转发和其他媒体的转载都可以是免费的，是可以为我所用的。和传统媒体相比，在网络环境下消息多、传播快，可以捕捉的焦点或是酝酿发酵的准焦点很多，很容易形成热点话题。但同时，网络讯息的质量参差不齐，需要在选择过程中谨慎甄别，真正捕捉到有价值的内容，从而促成事件营销。

2. 充分利用传播资源，发挥微博宣传优势

微博在整个事件营销过程中主要表现出两个明显作用：其一，快速引爆事件。微博成功接替了原本网络论坛的地位，成为事件爆发的首要集中地，许多娱乐头条、社会资讯、突发灾难甚至是政务新闻都是通过微博在第一时间被曝出。第二，病毒式传播。微博用

户大致分为这样几类：政府或企业的官方账号、名人“大V”账号、草根红人账号和普通用户。而这几类用户当中，前三类用户数总量相对较少，但拥有庞大的粉丝群体，传播效率极高；而后一类普通用户数量众多，虽然传播力度不及前者，但是都会从前三者接收到事件讯息，每人作为一个独立个体参与其中，作用力同样不可小觑。因此，以优势显著的微博平台作为传播渠道，以数量庞大的微博账号作为传播者，必然会显现极好的宣传效果。

3. 深挖事件背后故事，满足公众情感诉求

在数量巨大、选择众多的网络事件中，最后真正能够脱颖而出成为舆论焦点的事件往往是新奇出众、能够引起网民争议、与网民关系密切的话题。与其说引起网民兴趣的是事件本身，不如说是事件所连接的关系或者蕴含的情感。微博事件营销同样如此，真正能够打动微博用户的是事件背后的故事，当故事能够满足受众的情感诉求时，事件营销才算真正地深入人心，锁定了营销对象。如大获好评的可口可乐昵称瓶和歌词瓶事件、“封杀王老吉”事件等，都是企业打出了“情感牌”，充分运用心理战术，从感情上俘获受众，才能成功借势，无痕植入营销内容。由此看来，事件营销其实只是一种形式，而事件营销的最高境界是情感营销，引起情感共鸣，才能将潜在用户转变为真实用户。

第二节　典型案例梳理

一、酉阳桃花舞大晒

★事件概述

2013 年 12 月，腾格尔发行新歌《桃花源》，歌曲一改往日《蒙古人》《天堂》等大气磅礴的草原风格，以直白浅显的歌词配上乡村电音舞曲，在创作中加入大量的幽默搞笑元素。在 MV 中，腾格尔饰演光头渔夫，撑篙误入桃花源，映入眼帘的是一群妖娆女子。腾格尔与这些寂寞的姑娘们打麻将、玩跷跷板、捉迷藏，从此过上了左拥右抱的神仙日子。腾格尔的颠覆演出和女演员们的夸张动作再配上桃花舞和洗脑歌词，让人眼前一亮。歌曲和 MV 由于雷点多多，迅速成为一个娱乐事件，“腾格尔你肿么了”登上微博热门话题榜，被评为 2013 年度新神曲。

新浪重庆站运营敏锐发现：MV 中“出品方”一栏，赫然出现了“酉阳县桃花源旅游投资（集团）有限公司”的字样，猜测拍摄地就在重庆的酉阳桃花源，于是火速与酉阳桃花源的旅游公司联系，结果证实果然是对方做的一个植入广告。但 MV 只捧红了腾格尔本身，并没有多少人去关注拍摄地。由于缺少媒体宣传，酉阳桃花源景区发出微博后只有几条转发，正困扰于如何通过 MV 去传播景区本身。借着此机会，新浪重庆站销售与运营工作人员一同前往景区，提供了“话题 + 事件营销”的整体方案，以全民齐跳桃花舞为主旨进行运营。案子亮点十足，被客户接纳，达成售卖。线上线下超乎意料的合作执行，使运营效果令客户非常满意。

★案例亮点

◆迅速捕捉热点事件，及时洽谈促成项目

在腾格尔《桃花源》MV 上线后，新浪重庆站的运营人员第一

时间发现了 MV 拍摄地在酉阳桃花源，并察觉出含有营销痕迹，于是火速与景区联系，核实拍摄地点和营销用意。经过沟通，确认桃花源景区有借此 MV 宣传景区的意向，新浪重庆敏锐挖掘到商机，及时与销售人员一同前往景区谈判，将策划方案、合作方式等事项与客户快速协商一致，没有耽误最佳传播时间。整个事件从发起、谈判到最后“酉阳桃花舞大晒”话题上线只用了短短几天的时间，有力地借助腾格尔歌曲宣传期的热潮，完美地呈现了“快准狠”的事件营销。

◆抓住客户需求，制定创意十足的策划方案

事件营销对时间要求非常高，需要在极短的时间内借助事件本身的势头，快速制定有效的策划方案引爆话题。在“酉阳桃花舞大晒”活动当中，桃花源景区作为 MV 拍摄地的初衷是希望能够借助这种极具特色的歌曲为景区做宣传，但是效果却不明显：大多数网友只注意到歌词和舞蹈本身，并没有过多地关注拍摄地，并未达到预期的广告效应。在与新浪重庆洽谈的过程当中，景区明确地表达了其需求，希望借助新浪平台扩大宣传力度，更好地呈现景区的画面和特色，进一步引发网民对桃花源的关注。

在方案的策划过程当中，考虑到歌曲具有一定的“神曲”性质，于是提出了构想，以大妈在景区跳桃花舞为原始引爆点，再配上多种恶搞改编版本的方式进行广泛传播。一方面通过新浪微博的力量抛出话题，另一方面借助乐于并善于恶搞的广大网友扩大改编势头，不仅能够充分满足客户需求，还能够在创意上做足功夫。整个方案虽然制作周期短，但创意十足，亮点多多，线上持续一个月的高强度事件营销 + 线下万人坝坝舞的创意思路，切中客户需求。

◆线上线下联动运营，增强话题性

（1）制造话题“酉阳桃花舞大晒”

首先，@ 中国酉阳桃花源 官方微博发起话题“酉阳桃花舞大晒”，用互联网幽默搞怪语言制作并发布了桃花舞简单动作教程。只要转发微博并 @ 三个好友就能有机会获得价值酉阳桃花源送出的特产大礼包一份。拍下跳桃花舞的视频 GIF 或定格照片，发微博 @ 中国酉阳桃花源 就有机会获得终极大奖（见图 5–1）。

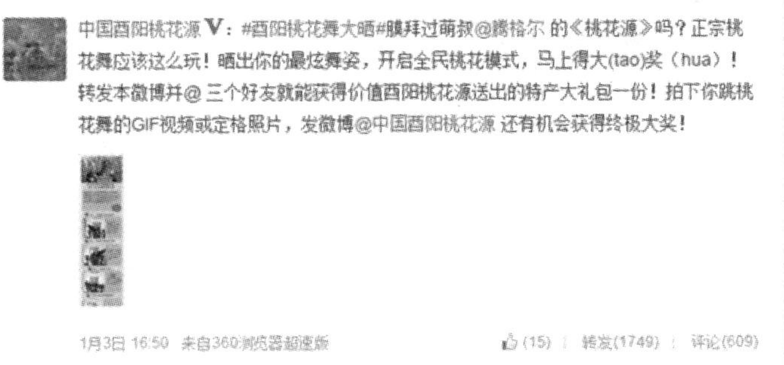

中国酉阳桃花源 V：#酉阳桃花舞大晒#膜拜过萌叔@膀格尔 的《桃花源》吗？正宗桃花舞应该这么玩！晒出你的最炫舞姿，开启全民桃花模式，马上得大(tao)奖（hua）！转发本微博并@三个好友就能获得价值酉阳桃花源送出的特产大礼包一份！拍下你跳桃花舞的GIF视频或定格照片，发微博@中国酉阳桃花源 还有机会获得终极大奖！

1月3日 16:50 来自360浏览器超速版 (15) | 转发(1749) | 评论(609)

图 5–1

幽默搞怪的桃花舞教程立刻拉近了舞蹈本身和网民的距离，入门级标准，简单易学。转发并 @ 三个好友即可参与抽奖的方式也迅速扩大了传播范围。由于发布时间正值年底，桃花舞迅速进入各学校元旦联欢会、各公司年会的节目单，成为网友们争相表演的热门节目。线上的疯狂传播和线下的真人表演相辅相成，形成联动效应，增加了“酉阳桃花舞大晒”话题的热度和持续性。

在推广上，为了避免形式单调或传播后劲不足，新浪重庆并不是简单地用线下跳桃花舞加线上微博达人转发的方式，而是不断制造新亮点来传播话题，先后共制作了 12 个桃花舞视频、GIF 搞笑组图推动话题。其中，大妈桃花舞版本由一千位热爱广场舞的大妈组成的团体在酉阳桃花源广场共跳桃花舞，是由新浪重庆和桃花源景区联合策划的传播源，规模大，特色鲜明，而且对景区起到了很好的宣传作用，是引发“酉阳桃花舞大晒”话题的原始版本（见图 5–2）。

图 5–2

为了增强趣味性，新浪重庆又制作了对比鲜明的农民工跳桃花舞GIF动图和以豪车为背景的高富帅跳桃花舞视频，还有与大妈年龄差异较大的学生跳桃花舞GIF动图等多种其他版本，引爆舆论热点。在这些“导火索”的作用下，网友的恶搞热情被点燃，自发创作了多种衍生版本，如将同事、朋友或名人的头像替换到原始GIF动图上，做成个性化的桃花舞版本，又如将年会中表演桃花舞的视频上传到微博等各个社交平台上，引起二次甚至多次涟漪式的影响（见图5–3）。

图5–3

敏锐利用汪涵节目中的错漏发起话题“桃花源之争”

事件发生时正值腾格尔歌曲《桃花源》的宣传期，在他录制湖南卫视节目《天天向上》时，主持人汪涵错误以为桃花源在湖南常德，而汪涵媳妇杨乐乐又是重庆人，于是新浪重庆敏锐地捕捉到这一细小而有趣的点，快速反应，制作了调侃性质的话题“桃花源之争”，并在新浪微博上发起投票（见图5–4）。

#桃花源之争# @腾格尔 大叔的MV《桃花源》走红之后，湖南卫视《天天向上》邀请腾格尔做客。汪涵在节目上说这桃花源就在湖南常德，而腾格尔MV取景地实际在重庆酉阳桃花源。这引起了不少网友调侃，称汪涵"胳膊肘往外拐""你媳妇儿@杨乐乐 知道吗？"你心目中的桃花源在哪儿？http://t.cn/8F7O8JH

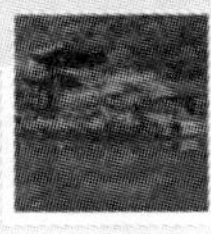

1月9日 12:13 来自新浪微博　　(17) | 转发(111) | 收藏 | 评论(66)

图5–4

一时间，不少网友加入讨论，表明自己对心中桃花源所属地的基本判断和期望。也有网友参与到话题“桃花源之争”的投票活动当中，最终，酉阳桃花源以 73.3% 的票数比例获得了较多网友的认可和支持（见图 5–5）。

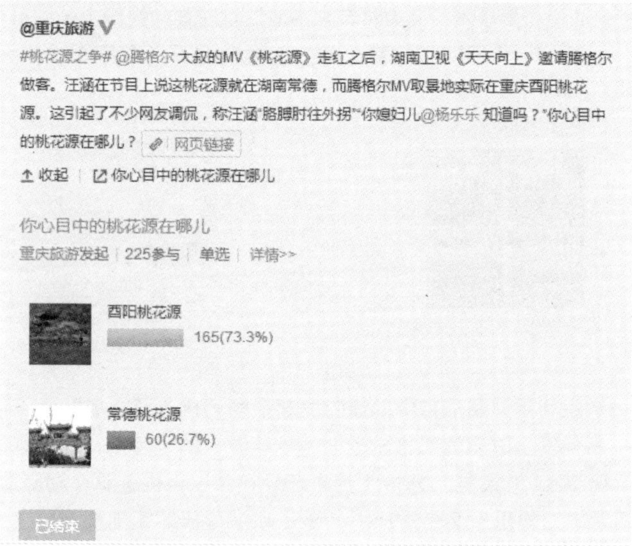

@重庆旅游

#桃花源之争# @腾格尔 大叔的MV《桃花源》走红之后，湖南卫视《天天向上》邀请腾格尔做客。汪涵在节目上说这桃花源就在湖南常德，而腾格尔MV取景地实际在重庆酉阳桃花源。这引起了不少网友调侃，称汪涵“胳膊肘往外拐”“你媳妇儿@杨乐乐 知道吗？”你心目中的桃花源在哪儿？ 网页链接

收起 | 你心目中的桃花源在哪儿

你心目中的桃花源在哪儿

重庆旅游发起 | 225参与 | 单选 | 详情>>

酉阳桃花源 165(73.3%)

常德桃花源 60(26.7%)

已结束

图 5–5

“桃花源之争”话题本来并未在策划之中，是在活动进行过程中发现的意外之喜，对这个细节的敏锐捕捉为整个活动增加了一个大大的亮点，用轻松幽默的方式调侃婆媳关系引发网友的参与和互动，使得活动形态更加丰富。

优质种子微博 + 长微博

在整个活动过程中，新浪重庆策划发出的种子微博 + 长微博共计 30 条，几乎每条内容质量都很高，具有可读性和传播性。例如，新浪微博的“大 V”用户、热爱广场舞的湖南卫视主持人杜海涛的

妈妈就加入跳桃花舞的队伍，并通过自己的微博账号 @ 涛儿妈 带话题“酉阳桃花舞大晒”发出舞蹈视频，获得了不错的粉丝反响。又如，@ 重庆旅游 以“最火年会舞”的头衔冠名桃花舞，宣传神曲配桃花舞的年会必备新品，也引发了网友大量的转发和评论（见图 5–6）。

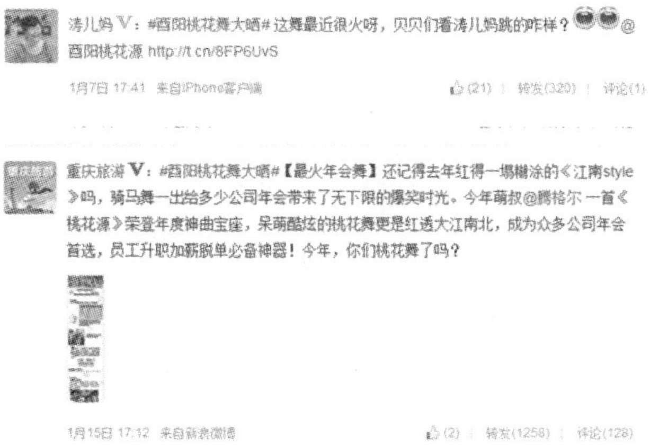

涛儿妈 V：#酉阳桃花舞大晒# 这舞最近很火呀，贝贝们看涛儿妈跳的咋样？@酉阳桃花源 http://t.cn/8FP6UvS

1月7日 17:41 来自iPhone客户端 (21) | 转发(320) | 评论(1)

重庆旅游 V：#酉阳桃花舞大晒#【最火年会舞】还记得去年红得一塌糊涂的《江南style》吗，骑马舞一出给多少公司年会带来了无下限的爆笑时光。今年萌叔@腾格尔 一首《桃花源》荣登年度神曲宝座，呆萌酷炫的桃花舞更是红透大江南北，成为众多公司年会首选，员工升职加薪脱单必备神器！今年，你们桃花舞了吗？

1月15日 17:12 来自新浪微博 (2) | 转发(1258) | 评论(128)

图 5–6

有力调动各种资源

在项目的整体运营过程中，新浪重庆发动了整体公司的资源全力促成项目，各方发挥其优势力量，群策群力。

第一，在千人坝坝舞的执行版块，由新浪重庆创意运营团队做出策划方案，而舞蹈人员的组织、舞蹈的编排、场地的落实、时间的协调等线下执行工作通通交给甲方，即酉阳桃花源景区来完成。甲方乙方分工明确，各取其擅长的部分，新浪重庆在创意方面已经积累了丰富的经验；桃花源景区在人员组织、本地资源方面又具有绝对的便捷性。双方优势互补，实现双赢。

第二，在桃花舞视频版块，依然是由新浪重庆创意团队提出创意策划方案，而视频的拍摄、后期剪辑、上线等工作则交由视频团

队来一体化成，既保证了视频的质量，又大大提高了工作效率，体现了专业度。

第三，在微博大号资源方面，充分发动了销售团队和市场团队的作用。新浪在长期的运营过程当中积累了大量的名人、草根等各类大号和达人微博资源。本次活动和 @ 重庆旅游、@ 涛儿妈 等多个微博大号均有合作，利用早期建立的互信合作关系，在极短的时间内便达成了合作意向，实现了事件营销对时间的高要求。且在资金方面，@ 涛儿妈等大号全部义务帮助发微博，大大节约了运营成本，充分体现了新浪平台的资源优势。

敏锐捕捉客户需求，并正确引导

在项目运营之初，从《桃花源》MV 的拍摄呈现和与桃花源景区人员的洽谈过程中，新浪重庆便敏锐地捕捉到客户需求，借助非常切合主题的歌曲《桃花源》的宣传热潮，引发网友对景区的关注，从而提升景区形象，打造文化符号，最终实现商业化的旅游宣传效应。在全面了解客户需求后，新浪重庆在整个活动中非常主动和活跃，根据客户需求有效引导客户。

例如：在洽谈初期，客户希望邀请腾格尔本人到千人坝坝舞现场参与活动，再次运用明星效应扩大景区影响力。但新浪重庆经过缜密分析认为没有必要：其一，时间成本。邀请明星需要提前敲定档期，而事件营销讲求的是时间和效率，若邀请腾格尔到现场无疑会延迟桃花舞活动的执行时间，有可能造成舆论话题热度下降。其二，资金成本。若邀请腾格尔，出场费必然会成为整个活动的一大笔支出，出于对资金成本控制的考虑，没有必要增加这笔费用。第三，效果分析。在腾格尔的 MV 中，已经非常清晰地呈现了他本人在桃花源跳舞的场景，完全实现了其明星效应的宣传效果。而本次活动，是对景区影响力宣传的二次扩大，而不是腾格尔本人或歌曲本身。若再度邀请，有可能会出现明星本人风头压过景区的情况，重蹈覆辙，反而会失去活动的意义。新浪重庆凭借多年运营经验，以具体情况对客户进行详细讲解和引导，使客户了解要达成运营效果不一定需要邀请腾格尔到现场，而是通过景区现场千人坝坝舞和后期 MV 播放的方式来达到预期效果，获得了客户的高度认可。

产品延续到线下，做成长期物料

对于景区来说，成功的事件营销可能会在短时间内带动景区的知名度和游客数量，但是从长远发展而言，如果没有持续有吸引力的活动，则极有可能令景区的走红昙花一现。因此，为了使此次活动作为景区宣传的良好开端，使其在今后的宣传过程当中顺势而为，形成经久不息的原动力，在线上活动基本完成之后，又继续延伸到线下，做长线运营，新浪微博营销团队将桃花舞教程制作成宣传图册，将千人坝坝舞 MV 刻录成光盘，做成可供长期售卖的系列周边产品。同时，在桃花源景区设置大量的宣传板，将 MV 在景区的大屏幕上反复播放增强广告效应，达成以桃花舞为亮点和起点对景区进行长线推广的目的。

★案例评析

“酉阳桃花舞大晒”是新浪重庆策划运营极为成功的事件营销案例之一，运营效果和客户反响都非常好。在新媒体环境下，事件营销层出不穷，质量参差不齐，“酉阳桃花舞大晒”案例准确把握了事件营销的特性，充分利用新浪微博这一新媒体平台和资源，聚集各方优势脱颖而出，稳中取胜。

◆及时捕捉热点，制造话题

事件营销最大的特点在于非自发性，往往需要准确把握时机，通过“借势”来促成营销。“桃花舞大晒”事件源起于腾格尔的歌曲，由于风格搞怪的《桃花源》MV 在网络上迅速走红，聚集了大量网友的目光，为酉阳桃花源的营销宣传提供了可能性，于是，新浪重庆把握时机，第一时间做出决断，将桃花舞这一热点充分放大，由腾格尔跳桃花舞延伸到全民齐跳桃花舞。在微博话题设置上，对由歌曲和 MV 引发的“腾格尔你肿么了”进行深度引导，制造新话题“酉阳桃花舞大晒”和“桃花源之争”。在活动定位上，充分考虑了歌曲《桃花源》的风格和受众群体，将被贴上“搞怪”“网络神曲”等标签的桃花舞设定为广场舞，以大众娱乐的方式进行推广。在传播方式上，由于网络环境下恶搞高度流行，容易引发大量网友的积极参与。新浪微博平台为网友的创作和发挥留足了空间，可以满足多种版本的扩散式传播。从整体效果来看，“酉阳桃花舞大赛”从一个没有任何话题基础的话题，在短短 1 个月时间内做到 69 216 条的话题量，效果令人刮目（见图 5-7）。

图 5-7

事件营销不同于其他营销方式，无法经过长时间酝酿和策划，必须以“快准狠”的方式迅速做出决断，对时间和效率的要求很高。只有对热点事件时刻保持敏感，才能适时找准切入点和结合点，借势而为，制造新的话题。

◆利用平台和资源优势，引导舆论

新浪微博作为开放性高、用户量大、传播范围广的新媒体代表，经过几年的快速发展，在平台和资源等方面都已突显出显著优势，在此次“桃花舞大晒”的事件运营中得到了极好的印证。一方面，作为对所有用户完全开放的新媒体平台，新浪微博非常易于话题的传播，迅速发展成为网络舆论的聚集地，多种版本的桃花舞视频和GIF 动图陆续登录微博平台，引发大量围观和转发；另一方面，由于新浪微博拥有大量具有影响力的“大 V”和达人用户，对于内容的宣传扩散具有明显优势。此次，@ 涛儿妈、@ 重庆旅游 等“大 V”用户对于话题相关内容的免费发布，在极大程度上扩大了话题量和扩散范围，由时间和历史合作关系积累的微博大号资源是事件营销得以在极短时间内促成的有力保障。

酉阳桃花源原本希望通过腾格尔《桃花源》MV 的拍摄吸引网友，扩大景区关注度，但网友的关注点却始终集中在歌曲和舞蹈本身，景区的宣传效果并不明显。通过事件营销策划，利用新浪微博的优势迅速制造出话题，景区在多种版本桃花舞、桃花源归属地之争等话题的作用下成为舆论焦点，引导了网络舆论的发展方向，发挥了营销作用。

◆线上线下结合，实现营销作用

在网络环境下，各式各样的线上活动丰富了营销的形式。然而，为了确保营销的质量和持续性，仅仅依靠线上的力量依然显得比较单薄。在“桃花舞大晒”的案例中，新浪重庆充分将线上和线下两种方式高度融合，打造了一个完整的事件营销案例。线下部分，由桃花源景区负责千人桃花舞现场活动的执行和后期宣传画册、光盘等周边产品发放和售卖；线上部分，新浪微博营销团队充分发挥网络传播优势，通过新浪微博平台发起话题并展开病毒式传播。以线下执行、线上传播相结合的方式实现优势互补，全方位保障营销效果。

二、玫瑰铺满爱情天梯与垃圾换玫瑰

★事件概述

20 世纪 50 年代，20 岁的重庆江津中山古镇高滩村村民刘国江爱上了大他 10 岁的“俏寡妇”徐朝清。为了躲避世人的流言，他们携手私奔至海拔 1 500 米的深山老林，自力更生，靠野菜和双手养大 7 个孩子。为让徐朝清出行安全，刘国江一辈子都忙着在悬崖峭壁上凿石梯通向外界，几十年如一日，凿出了石梯 6 000 多级，被称为“爱情天梯”。二老的爱情故事被媒体曝光后，在全国范围内引起了强烈的反响，被评为 2006 年首届感动重庆十大人物，同年又被评为“中国十大经典爱情故事”。2007 年，男主人公刘国江老人去世；2012 年，徐朝清老人去世，享年 87 岁。遵照她的意愿，人们把她葬在刘国江老人身边。这场旷世绝恋虽然随着徐朝清老人一起入了土，却留下了一段传奇让后人恒久追忆。

当徐朝清老人逝世的消息传来，新浪重庆第一时间做出反应：可以以事件营销的方式升华爱情天梯的意义，让“绝唱”变“接唱”。在前一热点事件没有冷却下来之前，借势推出新的爆炸点，让目标持续不断出现在大众视野，而非单纯的新闻。于是，新浪重庆紧急策划了“爱情天梯铺满白玫瑰”事件，连夜将白玫瑰铺满天梯的每一阶石梯，并通过新浪微博宣传造势，引起媒体关注，让媒体主动深挖江津爱情文化，将一个单纯的新闻事件，升华为一种爱情文化现象。

“爱情天梯铺满玫瑰花”事件一出，立即受到来自国内外 3 亿多微博网友的热捧，媒体更是为之疯狂激动，不惜用大量的版面进行免费的报道。据不完全统计，“玫瑰铺满爱情天梯”共吸引来自全国包括香港（苹果日报、地铁报）、澳门在内的 34 个地区，50 多家媒体的报道，在百度搜索引擎上输入“爱情天梯玫瑰”关键字，可以搜出 468 000 条结果，而从新浪微博上则可搜出 2 190 753 条。“天梯专题献花”人数高达 23 万人次。大众议论这次事件的核心是“感动”“浪漫”“真爱”“又相信爱情了”等正向言辞。这样一次事件性营销吸引了全国乃至全球的目光。按照正常投放广告的力度来看，整个活动公关价值已经远远超过 1 000 万元。

2013 年，感动无数世人前来攀登礼拜的“爱情天梯”，出现“昔日爱情天梯，如今垃圾遍地”的不文明现象，引发大众热议。于是，@江津旅游 携手新浪重庆，利用新浪微博平台进行传播，向用户发起“垃圾换玫瑰·爱情天梯文明公益倡议”，组织志愿者前往爱情天梯清扫，也倡导到爱情天梯游览的游客带出景区的垃圾来换取白玫瑰，以这样的方式祭奠爱情天梯女主人公徐朝清老人去世一周年。微博倡导“还爱情一份净土”，将爱情天梯打造成全国首个“无垃圾箱爱情圣地”，开发了“清扫垃圾小互动”活动，将爱情天梯纯净圣地形象全面传播至大众心中。

★案例亮点

◆草根账号发布种子微博，制造谜团

“玫瑰铺满爱情天梯”活动的第一阶段，在女主人公徐朝清下葬前夜，新浪重庆秘密运送白玫瑰连夜赶往爱情天梯景区，在 2012 年 11 月 4 日凌晨 1 点抵达爱情天梯，开始修剪白玫瑰并铺满阶梯，经过 5 个多小时的努力，终于在 5 点 30 分顺利将 10 000 朵玫瑰花铺完（见图 5-8）。

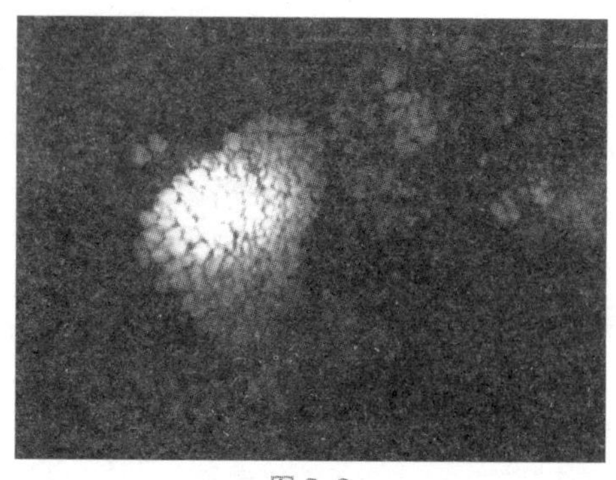

图 5-8

紧接着，早上 9 点 47 分，在新浪重庆的操作下，由 @ 肉肉大夜猫 草根账号发出第一条发现爱情天梯铺满白玫瑰的微博。并按照网友的发微博习惯，@ 了重庆各大媒体（见图 5–9）。

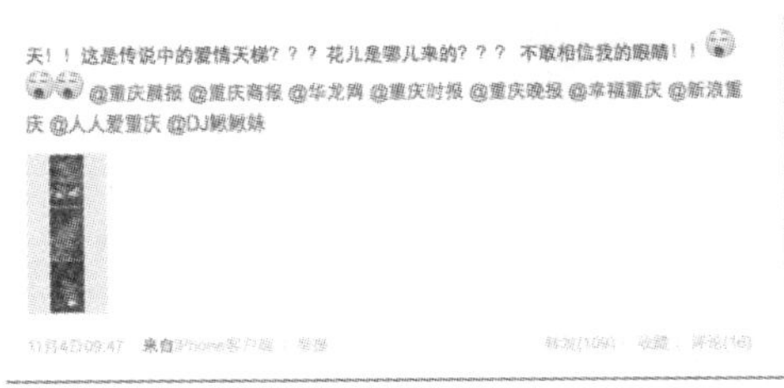

图 5–9

微博发出 3 分钟后，重庆晚报官方微博立即转发了本条微博，并立即在自己的官方微博上发布了爱情天梯铺满白玫瑰的信息。于是，9 点 59 分，按照正常递进流程，新浪重庆用刚才的草根账号发出了第二条微博，清晰地展示了爱情天梯上铺满白玫瑰的图片，并将话锋转向正面的爱情上，引导媒体和网友正向舆论。随后，重庆各大媒体官微纷纷发声（见图 5–10）。

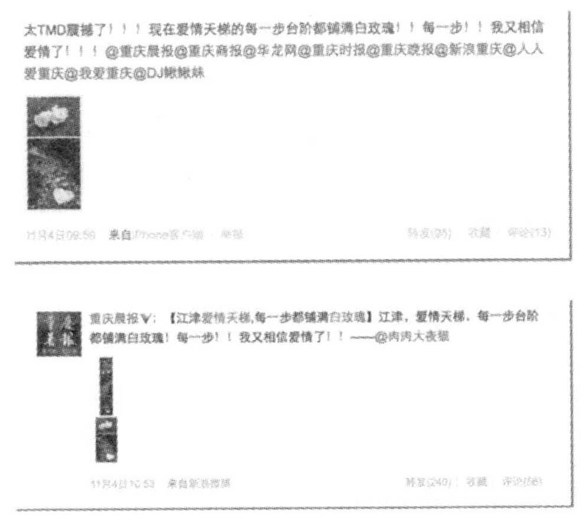

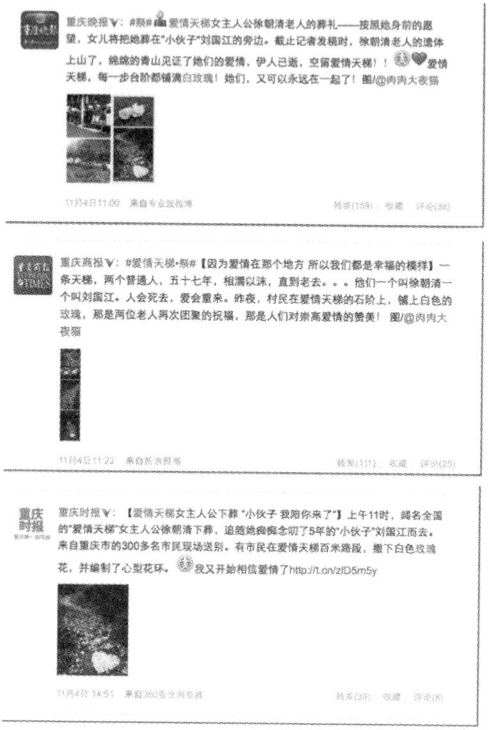

重庆晚报V：#祭#爱情天梯女主人公徐朝清老人的葬礼——按照她身前的愿望，女儿将把她葬在"小伙子"刘国江的旁边。截止记者发稿时，徐朝清老人的遗体上山了，绵绵的青山见证了她们的爱情，伊人已逝，空留爱情天梯！！爱情天梯，每一步台阶都铺满白玫瑰！她们，又可以永远在一起了！图/@肉肉大夜猫

11月4日11:00 来自专业版微博 转发(159) | 收藏 | 评论(38)

重庆商报V：#爱情天梯•祭#【因为爱情在那个地方 所以我们都是幸福的模样】一条天梯，两个普通人，五十七年，相濡以沫，直到老去。。。她们一个叫徐朝清一个叫刘国江。人会死去，爱会重来。昨夜，村民在爱情天梯的石阶上，铺上白色的玫瑰，那是两位老人再次团聚的祝福，那是人们对崇高爱情的赞美！ 图/@肉肉大夜猫

11月4日11:22 来自新浪微博 转发(111) | 收藏 | 评论(25)

重庆时报V：【爱情天梯女主人公下葬 "小伙子 我陪你来了"】上午11时，闻名全国的"爱情天梯"女主人公徐朝清下葬，追随她痴痴念叨了5年的"小伙子"刘国江而去。来自重庆市的300多名市民现场送别。有市民在爱情天梯百米路段，撒下白色玫瑰花，并编制了心型花环。我又开始相信爱情了http://t.cn/zlD5m5y

11月4日 14:51 来自360安全浏览器 转发(39) | 收藏 | 评论(8)

图 5-10

一时间，这一话题在微博上引起热议，由于 6 000 多阶梯在一夜之间铺满白玫瑰的事件实在令人惊讶和感动，网友们纷纷猜测这一行为到底是什么人所为，80 后青年男子、村民、大学生……各种猜测随之而来。整个事件谜一般地开始疯狂传播，不仅引发了网友的好奇心，更是唤起了网友心底的感动和对爱情的憧憬和相信。事件营销就此开始启动。通常情况下，在网络上，一个事件越是不明真相，越是能引起网友的多种猜测，从而提高舆论声量。“玫瑰铺满爱情天梯”事件也就在这样的情境下酝酿发酵，正式拉开营销序幕。

◆扩大新闻价值，借力本地及全国媒体联动传播

在重庆本地媒体纷纷发布消息后，11 月 5 日—11 月 7 日期间，事件全面发酵，引爆全国媒体的关注与热议。

第一，活动持续期间，新浪网对活动进行全程采访报道。11 月 6 日，新浪 18 个地方站旅游频道、城市频道、今日视点联动推送 1 天；新浪首页关注文字链推送 4 天；新浪首页第一屏按钮五轮播 3 天；新浪重庆首页微话题“玫瑰铺满爱情天梯”推荐 2 天；新浪重庆首页新视界图片推荐 2 周……此外，新浪重庆制作专题页面“白玫瑰铺满爱情天梯送别女主人公”，并于 11 月 7 日至 12 月 24 日在线上打造献花专题“听说爱情没有离开”，引导网友网上献花，让献白玫瑰花成为一种常态，将白玫瑰与爱情天梯概念在大众心中潜移默化（见图 5-11）。

图 5-11

第二，活动由新浪重庆独家策划，引爆全国媒体关注。“爱情天梯铺满白玫瑰”事件，一触即发，引爆了凤凰网、新华网、搜狐网等全国40家媒体关注，并纷纷以整版或更大版面支持(见图5-12)。

图5-12

该事件符合各大媒体关注与报道习惯，也加大了各大媒体对徐朝清老人逝世的报道力度与深度。如果没有该事件的发生，按照微博习惯，江津爱情天梯女主角去世新闻将很快被众多热点事件湮没；按照媒体的报道习惯，媒体的报道力度与关注度也将浅尝辄止。可以说，江津旅游局，用最少的钱达到了最好的宣传效果。

第三，微博圈层营销引爆线上 4 亿用户关注。在本次热点事件“爱情天梯铺满玫瑰花”中，新浪重庆通过微博进行全面预热与推广，让网友自主转发活动微博，将爱情天梯铺满玫瑰花的照片自主传播出去。同时，通过氛围营造，让网友感受到好感，从而带动微博分享。让爱情天梯、千古爱情风尚在网友心中留下深刻印象，为爱情天梯白玫瑰埋下伏笔。全国各大媒体账号迅速传播，53 家媒体在新浪微博上纷纷发表“爱情天梯铺满白玫瑰”新闻，按平均一个媒体微博账号 70 万的粉丝来估算，就有 37 100 000 人关注到了江津“爱情天梯铺满白玫瑰”。全国粉丝上 40 万的草根账号联动引爆，全国超过 30 个草根微博大账号在新浪微博上纷纷发表“爱情天梯铺满白玫瑰”新闻。新浪全国 18 账号联动推送，新浪全国账号联动推送“爱情天梯铺满白玫瑰”事件以及献花专题，鼎力将事件推向舆论热潮，并进行话题引导（见图 5-13）。

人民网V：【200人送别爱情天梯女主人公 撒万朵玫瑰】昨日上午，在"小伙子"刘国江坟墓的2米外，一座新坟垒了起来，沉睡了5年的他迎来了自己的"老妈子"徐朝清。而这一次，再没有什么能将他们分开。在坟墓不远处的"爱情天梯"，则铺上了白色的玫瑰，来纪念已成为绝唱的爱情。（华龙网）http://t.cn/zlkp3E7

19分钟前　来自新浪微博　　转发(101) | 收藏 | 评论(40)

人人爱重庆食[illegible]：今天#爱情天梯#的每一步台阶都铺满白玫瑰！！每一步！！我真的相信爱情了！！！！好美！！！今天的江津，下着小雨，哭了…………图/@肉肉大夜猫

11月4日19:02　来自iPad客户端　　转发(207) | 收藏 | 评论(45)

新浪重庆V：#玫瑰铺满爱情天梯# 一条天梯，两个普通人，五十七年用六千步阶梯写下爱的传奇。如果你也曾被这57年的相守感动，如果你也曾被这6028步台阶震撼过，那么就快来为爱情天梯插上一株白玫瑰吧。请点击http://t.cn/zlF9bOG 让白色玫瑰铺满爱情天梯，我们一起守护爱 http://t.cn/zlkDUWt

11月8日13:42　来自微话题　　转发(13) | 收藏 | 评论(4)

图 5-13

◆大力渲染故事氛围，引发情感共鸣

爱情天梯的故事，从被人们知晓以来，感动了无数人。两位老人 50 余年的相依相守，让网友惊呼“又相信爱情了”；6 000 多级的爱情天梯，也成为人们心中关于爱情的净土。故事的每一次进展，都牵动着无数网友的心。此次，女主人公徐朝清老人的逝世，似乎要为故事画上句号，成为这唯美爱情的终结篇，也成为网友心中的爱情绝唱。新浪重庆充分抓住了受众的心理——爱之深刻，爱得绝美，通过玫瑰铺满天梯画面的传播，充分渲染绝美浪漫的气氛，又通过献花活动强化情感共鸣。事件营销的一大特点是借势传播，所谓“势”不仅仅指事件本身的新闻性和话题性，更重要的是事件所带动的公众情感。“玫瑰铺满爱情天梯”事件就准确地把握了这一点，借助人们对忠贞绝美爱情的情怀，在白玫瑰的极力渲染下，瞬间俘获人心。人们记住的是爱情天梯的象征意义，对爱情天梯怀揣的敬意，实际上是向崇高的爱情致敬。

◆借助白玫瑰意象，将爱情天梯符号化

“玫瑰铺满爱情天梯”事件带给网友的不仅仅是震撼，还有对真爱的无比憧憬以及对江津爱情天梯的向往。这一事件的营销，巧妙地将代表纯洁爱情的“白玫瑰”元素注入其中，凭借强烈的视觉冲击力让大众不仅仅记住了江津爱情天梯故事，还记住了江津爱情主题，只要一想到白玫瑰就会想到爱情天梯，将白玫瑰纯所代表的纯洁之爱与天梯联系起来，成为爱情天梯的意象，将其符号化之后镌刻在人们心中，加深对江津爱情文化“纯洁、真爱”的印象，将爱情天梯与白玫瑰紧密相连，有利于接下来江津旅游局的系列打造江津旅游等相关工作。

◆策划周年纪念活动，扭转负面形象

但是爱情天梯知名度的提高，也使景区的环境问题令人担忧，为爱情天梯带来了负面影响。在爱情天梯女主人公逝世一周年之际，新浪重庆巧妙策划了“垃圾换玫瑰”事件，正视问题，转守为攻。

用参与者的声音去感动和号召其他网友，让每一次倡议都能被网友看见，这种聚集大众的声音相较于之前的传统方式，更开放、更扩大，把每一个参与者都变成宣传者。一方面用公益活动的方式成功扭转了天梯垃圾遍地的负面形象，另一方面，借用纪念日继续强化白玫瑰的意义，唤起人们心底的记忆。通过公益活动和周年纪念活动的形式，保持了对爱情天梯事件营销的连贯性，更好地促进了爱情天梯话题在网上的火爆性，巧妙地吸引了更多的网友关注爱情天梯和江津旅游，进一步提高了爱情天梯和“浪漫江津”主题的知名度和美誉度。

★案例评析

当“浪漫”成为一个新地标，就造就了一个旅游胜地的兴起。江津旅游局打造“浪漫江津”主题形象品牌，创造了一种“爱情文化“的软需求，但如果它只作为一个精神上的符号，在信息爆发的时代，就像一则时效新闻注定被淡忘。江津旅游局融入了网络社交属性，开发了“天梯铺玫瑰”“垃圾换玫瑰”的微博应用，以微创新的形式，保持了品牌的长久活力，是非常出色的微博事件营销案例。

◆草根微博发声，带动全媒体传播

事件营销最重要的特性是利用现有的非常完善的新闻机器，来达到传播的目的。当一件新闻同时具备所有要素时，肯定会具有很高的新闻价值，成为所有新闻媒介竞相追逐的对象。新浪重庆成功地升华了爱情天梯的意义，通过“独家策划、草根发声”的方式，让“绝唱”变“接唱”。在前一热点事件没有冷却下来之前，借势推出新的爆炸点，让目标持续不断地出现在大众视野面前，而非单纯的新闻。“爱情天梯铺满白玫瑰”话题一经推出，就成为超级事件新闻，立即吸引了全国无数人的眼球，媒体更是为之疯狂激动，不惜用大量的版面进行免费的报道。

在整个事件的媒体宣传中，新浪联合全国 18 个地方站全程直播推送，实时更新进度；人民网、搜狐网等网络媒体和各地的报纸纷纷转载报道；在微博上，“大 V”、红人和普通网友的参与度都非常高。而这些媒体资源，除了新浪本身的力量外，基本都属于自发的免费报道。没有过多的刻意宣传和资源动用，完全凭借事件本身的影响力吸引媒体和公众的关注，在微博事件营销的范畴内确实是一个成功的典范。

◆持续营销蓄力，增大后期影响力

自从“爱情天梯”事件被媒体曝光以来，两位老人的感人爱情故事一直被人们所称颂，在公众的心里形成了一股不可小觑的冲击力。男主人公下山参加节目、男主人公逝世、女主人公逝世……每一次的时间节点，都能引起舆论波动。2012 年，女主人公离开人

世，似乎要将这个唯美的爱情故事画上圆满的句号，但新浪重庆稳抓时机，在独家策划之下，将舆论影响力于无形之中无限放大，做成第一次“玫瑰铺满爱情天梯”营销事件，成功地将白玫瑰意象与爱情天梯紧密结合在一起，对江津旅游起到了极大的宣传作用。而2013年，垃圾事件为爱情天梯带来了不小的负面影响，但新浪重庆巧妙策划“垃圾换玫瑰”营销事件，化解危机。一方面，用公益活动的方式消除了负面舆论，挽回了爱情圣地的形象；另一方面，借助女主人公逝世一周年纪念这一时间节点，既是对爱情的纪念和延续，也是对爱情天梯的重复宣传，使得事件营销更加系统化，有助于增强事件本身和旅游景点后期源源不断的影响力。

◆深挖受众需求，引爆情感激发点

与以往的事件营销案例有所不同，“爱情天梯”的营销方式显得更有人情味。在这份永恒爱情的感召下，人们似乎很少去留意整个事件的“营销”痕迹，更多的是怀揣敬意和憧憬，来到这一爱情圣地膜拜神圣爱情，整个营销不露声色。新浪重庆正是充分挖掘受众需求，站在受众立场考虑问题。事件营销的最高境界是超越时间，直指人心，打好“情感牌”，才能引起共鸣，引爆网民的情感需求。“玫瑰铺满爱情天梯”和“垃圾换玫瑰”两次成功的事件营销，都是在直击人们心灵的爱情故事的作用下完美执行的。

第六章

整合微营销：联动聚合力

The Chapter six

第一节 微博整合营销概述

目前，中国互联网已经全面进入微博时代，微博的发展非常迅速，新浪、搜狐、腾讯、网易等各门户网站也纷纷推出微博，注册用户总数已经突破 6 亿，每天日登陆数超过了 4 000 万。伴随着微博在互联网中的走俏，众多企业也嗅到了其中的商机。迈克尔·高尔德哈伯曾提出，在信息社会中，注意力的稀缺性导致了它可以转化为财富。于是越来越多的企业便开始注册企业微博账号，试水微博营销。随着全球社会经济的发展、信息技术的不断更新以及微博营销的发展，传统单一的营销方式已经不能适应现代化市场竞争的需要，各企业也在不断探索一个有效的盈利模式，而整合营销便成为企业营销的选择之一。微博整合营销是指企业、媒体或个人以微博作为营销平台，整合和协调各种传播渠道，通过传播商业信息、产品信息，从而影响消费者达到购买行为的一种新型的营销活动。它是一种全新的营销模式，既是名人效应的运用和互动话题的营销，也是更好地基于消费者的整合营销传播。将整合营销中不同元素的营销策略描绘成一个含有一系列决策步骤的过程，可以更为清晰地认知整合营销的决策顺序（见图 6-1）。

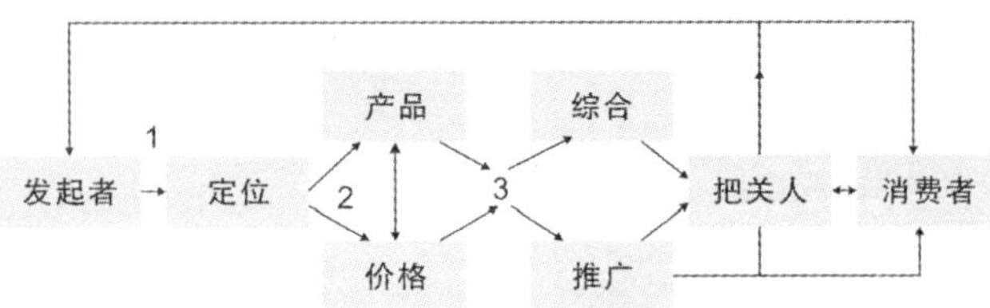

图 6-1

一、微博整合营销传播的必要性

1. 微博整合营销是顺应整合营销时代的客观要求

随着“营销革命”时代的到来，21 世纪的微营销需要时刻适应市场变化，以受众为中心，精准定位，整合内外资源。不仅要用最快捷的方式传递“统一形象”，还要与受众进行密切互动，这既是媒介市场化的客观要求，也正是微博整合营销的内在要求。因此，利用整合营销宣传产品、传递文化成为微博整合营销的必然。

2. 微博整合营销是对受众需求变化的及时回应

传统的媒介传播对于受众来说是单向的信息传播，受众只需简单地获取信息，获得精神上的满足便完成了整个传播过程。而如今受众的需求已经不再仅仅满足于简单地获取信息，在注重情感愉悦与满足的同时也更加强调与媒体之间的互动，即受众参与性的增强。因此，微博必须根据受众需求的转变与收视心理及时调整营销策略，整合资源与渠道，满足受众的个性化的需求。哈佛大学著名营销学专家莱维特教授认为：“企业经营必须被看成一个顾客满足的过程，而不是一个产品的生产过程，产品是短暂的，而基本需求和顾客群则是永恒的。”

3. 微博整合营销是与新媒体之争的应变之策

在市场化竞争的环境下，微博不仅要面对行业内竞争不断升级的“内忧”，同时还要面对来自新媒体主流地位日益凸显的“外患”。网络、IPTV（网络电视）、数字电视、手机电视、手机媒体、博客等新媒体迅速崛起，成为分流微博受众的现实挑战。面对激烈的竞争，微博必须通过专业化的市场运作，整合内外资源，通过整合营销体系提升品牌影响力。与此同时，应尽早实现与新媒体的融合，从而增加市场生存与竞争能力。

二、微博整合营销的新特点

微博整合营销作为一种新型的网络营销模式，与传统营销相比，除了具有营销成本低、信息传播速度快、不受时间与地域的影响、回报率高等优势，在营销成本、传播性、互动性、精准性、灵活性和人性化等方面也具有得天独厚的优势。

1. 低成本、高效率

企业在营销活动中最重视的是利润，而成本是最需要控制的。微博整合营销作为一种新型的社会化媒体营销，首要的特点是成本低。在整合营销传播中，一般的营销传播方式，无论是媒体广告、企业公关、促销活动还是人员推销，企业所付出成本都在所得利润中占有很大比例，更甚者，所得利润还不足抵消营销活动成本。如今，个人或企业要做好微博营销只需在微博客平台（如新浪微博）注册一个账号便可搭建一个营销的平台，而平时只需在这个平台上面发布相关信息并进行内容维护和宣传。如此，投入的成本就只需很少的网费、电费和人力成本。目前，虽然新浪、网易和腾讯等各大门户网站都开始“逐鹿微博”，并且陆续推出针对企业用户的一些增值服务，但就目前来讲，微博整合营销仍是一个低成本、高效率的新型网络营销传播方式。

2. 易传播

微博的最大特点和价值就在于它全新的传播方式。微博作为一种聊天工具，采用的是一对一的传播方式，而且它与 Email、论坛、博客也有所不同。Email 虽然可以群发，但并不能及时知道对方的反应，时效性和灵活性都很差；论坛是小众型；博客传播主要依赖于后台编辑的推荐；而微博最大的优势和特点就是它裂变式的用户主动转发。于是，微博便具有了“个人媒体”的概念，个人可以根据自己的喜好进行信息转发，每个人都是自己的编辑。微博作为一个完全公开的公众平台，信息的传播是几何裂变式的——一个人可以将自己的信息传播给自己的粉丝，粉丝可以再传播到他的粉丝；

而且信息的传播具有可逆性，比如说我的粉丝可以跨过我跟我所关注的人进行交流，即使他们两个没有任何的“关注”关系。

3. 互动性强

与传统的论坛、博客营销相比，微博营销的互动性更强。在微博上我们可以及时看到我们的关注者的最新状态，且可以对其内容进行评论，而当我们的关注者看到评论后也可以进行相应的回复。因此，在微博营销过程中，营销者将信息传达给目标受众，双方在这样的营销平台上进行互动，这样的营销模式更易促成营销目标的实现。

4. 精准度高

关注企业微博的用户大多是对企业感兴趣的人，微博营销者利用这一特点，在宣传微博的时候便利用微博的搜索功能挑选精准用户，于是受众便都是该企业的相关用户，也是对该企业感兴趣的粉丝，具有超强的精准性。

5. 灵活性强

以前，我们在博客中发布信息时，习惯一律长篇大论，而且还时常担心自己的文字功底薄弱，更担心审核不通过，在论坛、贴吧发文亦是如此。而微博并非如此，作为微博用户，发布的信息无须审核，也不会被删除，而且时间地点甚至平台都相当灵活。我们可以使用手机、电脑等多平台随时随地随机发布、随机显示，所以微博营销更加灵活、便捷、自由化、生活化。

6. 人性化

相对于博客、论坛、Email 等传统的网络营销方式，微博就像一个“人”的形象出现在我们面前，它具有非常鲜明的性格特点，在微博上营销者可以与客户进行心对心的交流与沟通，与人交流，以情营销；同时，在微博整合营销传播中，企业与顾客之间的地位是平等的，顾客随时可以提问并请求企业解释一些相关问题，而且企业的各种信息都受众多顾客的关注，因此企业需要更加真诚地对待顾客。

三、微博整合营销的策略与实施

1. 多种媒体手段结合，全面营销

（1）微博与实体店的整合营销

实体店通过整合微博这个资源进行营销，不仅可以扩大店的影响范围，也可以降低其成本。实体店进行微博注册后，便可将其促销活动的信息发布在微博上，通过微博这个平台进行发散式的传播，可使营销信息在短时间内得到更加广泛的传播。而且微博的传播方式是一对多的，这样不仅可以减少工作人员数量，还可降低人力资源成本，从而使得企业可以更好地做其他服务工作。目前，这种让

企业以较低的成本，从传统营销模式中走向现代化的网络营销模式在传统的中小型企业中广受欢迎。曾经一位经营日式拉面馆的总经理通过微博这个平台在一年的时间内为面馆带来了近 100 万的收入，他就是千稻拉面总经理田学伟。他于 2010 年底开通新浪微博，至 2012 年 5 月初他的粉丝数已经近 50 万。田学伟就是成功地运用了微博与实体店的整合营销。他把自己的经验总结为：用心做生意，用心交朋友。他把自己的每一个客户都当作朋友一样。他的微博里博文很少发拉面广告的内容，而更多的是与顾客、粉丝的交流互动。由于他的粉丝大部分都是面馆的顾客，顾客通过微博中的交流互动经常给他提一些小意见，例如上菜慢、卫生差等，对此他都及时整改，让顾客满意，有些顾客是面馆的忠实粉丝，还会推荐他们的朋友光顾面馆。面馆的口碑因此越来越好，营销范围越来越广，生意也越做越大。

（2）微博与广播电视的整合营销

微博与广播电视的整合营销可以弥补广播营销低参与性、电视营销高成本的不足。广播电视等传统媒体加入微博的力量，无疑是给广播电视营销注入了新的血液。现如今再听广播、看电视，由于广告中微博互动的加入，降低了受众参与互动的成本，也增强了受众的信任感，而且通过微博受众还可以与其他消费者进行交流，让广告变得更具真实性。在传统的广告宣传中，受众虽然广泛，但针对性不强，而通过微博人们可自主进行交流，也利于企业找出他们的目标人群，从而使企业更易于实行有针对性的营销策略。因此，广播电视整合微博营销已成为传统媒介营销的发展方向。

（3）微博与其他网络营销方式的整合营销

其他网络营销方式主要包括博客营销、论坛营销、电子邮件营销、搜索引擎营销等。传统网络营销方式借助微博平台使网络营销迈向一个更高的台阶，博客作为微博的前身，内容上追求详细全面，而微博则更提倡一种随意的简单描述，因此博客与微博的整合使营销信息可以在简洁与详细之间更方便地进行转换。微博的简单介绍使人们对营销信息可以有一个大概的了解，其博客内容可以让受众了解到更加全面详细的信息，如新浪博客与新浪微博的相互关联使得博客与微博之间的转换更简易快捷。微博本身也可归为一种论坛的形式，而微博话题更广泛、认证机制更公正真实，增加了消费者的信任度。论坛借助微博进行整合，更加凸显专业与业余结合的特点，从点到面的宣传扩大了影响范围，同时也增加了消费者的信任度。此外，电子邮件营销整合微博营销，将 Email 以往死板的产品信息，强行传达的营销内容升级为与其相关的话题链接和生动有趣的交流讨论。于是传统的电子邮件营销相对于以前就多了一分人情味，更人性化。微博本身也具备其搜索功能，然而传统的搜索引擎营销过于局限，二者整合将微博内容纳入搜索引擎的搜索范围，使得微博在生活中随处可见，人们的视线也从传统的网络营销进入微营销时代，信息传递方式也由被动式向需求者自主寻找转变。

（4）微博与手机的整合营销

在如今信息高速发展的社会环境下，很多公司已经发现一种全新的营销方式，那就是手机平台营销。随着微博的兴起和智能手机的加速普及，企业也逐渐意识到手机整合微营销将给公司带来非常大的机遇。以前，人们更多的是通过短信传播信息，但现在越来越多的人通过手机以短信或彩信的形式随时随地发布微博信息，因为短信的传播方式是“一对一”，而微博则是“一对多”，而且资费比短信低廉。于是，通过手机发微博的优势愈加凸显，手机微博在各个领域开始蓬勃发展起来。因为有了微博的手机客户端，它让人们发微博越来越便捷。通过微博客户端，人们发微博像发短信一样简单。让微博话题讨论像打电话一样方便，但也改变了垃圾短信的营销模式，人们开始在娱乐中发现广告，从而接受企业的营销活动，使之逐渐成为企业的潜在目标受众。上海艾摩是国内最早尝试手机微营销的企业，它曾做过不少有益的尝试。从 2011 年开始，上海艾摩便通过下属的微立聚微博营销平台和摩云手机营销平台，为国内外众多企业提供手机微营销平台，其中包括强生和百事等国际知名品牌。

（5）微博的立体化营销

立体化微营销以微博为纽带，整合各种营销资源和各种营销策略，将企业的营销内容遍布各个角落。在营销初期，企业通过整合微博与传统营销的方式，使消费者关注企业微博，让人们通过该企业微博平台了解产品相关知识并进行交流，从而了解潜在消费者关心的问题，了解目标受众的需求，在必要时对生产进行改造，以满足用户需求。此后，可将微博与博客绑定，推荐那些有更多信息需求的潜在消费者绑定相关博客查看具体详尽的营销内容，也可推荐相应的论坛去查看相关的帖子，从而加深受众对企业的认识和了解。另外，企业还可通过推荐注册论坛等方式获得消费者的邮箱信息，并将最新的营销内容通过电子邮件的方式对潜在的目标受众进行宣传，从而建立长远而有效的营销关系。在此过程中，企业还可以利用名人效应，找合适的明星代言，通过明星庞大的粉丝数让企业营销信息得到快速而广泛的传播，同时使得企业在广大消费者面前树立良好的形象。戴尔销量之所以一直位居世界前列，就得益于全方位的立体化营销策略。戴尔的电脑在网上采用直销方式，不仅降低了销售成本，而且使其更迅速地以低价格占领市场；同时，戴尔还加大各大媒体的广告投放量，让戴尔品牌深入人心；此外，它还在网上建立各种论坛、贴吧等平台用以解决其相关技术问题，并发布相关产品信息，因此逐渐建立起目标客户群对戴尔品牌的信任度和忠诚度。

2. 开展企业间合作，提升品牌价值

企业与企业间通过活动营销的方式展开合作，不仅可以树立企业在广大消费者心中的良好形象，还可以树立媒体、企业自身的品牌价值。就企业而言，这无疑是一种赞助营销。虽然从形式上看这与以往媒体举办的活动几乎没什么区别，但在如今媒体高速发展的信息时代，活动营销、赞助营销所发挥的效果却远远超过以前。对于媒体来说，纸质媒体的版面、电子媒体宣传的时间有限，即使是本媒体举办的活动，也不可能大规模地进行报道和宣传，但在微博等社会化媒体上，可以持续地制造新闻话题，将活动营销提升品牌

价值、宣传企业文化的效果发挥到极致。而对于赞助的企业来说，不仅可以在传统媒体上进行第一轮宣传，还可以利用媒体在微博上的知名度和粉丝群，对企业的形象和理念进行第二轮的宣传。除此之外，通过微博转发，可以使媒体的粉丝自主地关注企业微博，进而成为企业微博的粉丝。

3. 与受众进行深度交流，加强关系维护

微博不仅仅是一个简单的信息传播的平台，它更大的特点在于与受众进行沟通交流，能够及时得到信息反馈。反馈的重要性不言而喻，但是在发布新闻时，媒体相当于自动屏蔽了受众对于自身的反馈信息，因为读者的评论往往只是针对这条新闻。也许新闻媒体微博作为一种资讯平台，具有其独特性，所以才妨碍了它与受众进行反馈交流，但这可以通过栏目设置来解决。比如定期发布“意见征求帖”等类似信息，并通过赠送小礼品的方式提高受众的热情和参与度，对受众的建议和意见及时予以回复，这样既不妨碍日常资讯传播，又促进了与受众的及时沟通、交流。总之，微博不仅仅要做好信息发布的平台，也要加强聆听者和交流者等角色的训练，及时与受众进行更加深入的交流，广泛征集受众的需求和意见，并根据受众意见对市场定位等进行有针对性的调整。

4. 建立用户数据库，实现精准营销

随着传统营销效果的弱化，企业如何精准地找到潜在客户以及精准地锁定目标客户，创造尽可能高的效益已日渐成为企业关注的话题。在目前这个大数据时代背景下，微博根据明确的媒体定位，已有了一定的关注路径，不仅如此，借助微博这个平台，还可以研究分析出这些潜在消费者的个人信息、行为习惯、兴趣爱好，从而建立更精确的数据库进行精准营销。从数据库营销的角度看，信息维度越丰富，营销的精准性就越高。在微博上，除了基本的个人信息注册外，还可以通过研究用户的关注人群、转发话题推测出该用户的兴趣取向，这种数据库营销的模式已经被很多购物网站所使用，如当当网、淘宝网等。

总之，微博整合营销作为一种新兴的网络营销方式，具有巨大商机和重要的商业价值，它已逐渐成为媒体发展和企业数据化营销方案的重要组成部分。整合微营销在新媒体蓬勃发展的时代给传统营销手段带来的冲击是不容回避的，因此企业应该积极行动起来，充分整合微博这个资源，将企业微博既作为企业营销内容传播的平台，又作为一种与目标受众进行沟通交流、了解需求、征求意见的平台，还可以和企业已有的管理资源对接，形成整合的营销管理平台。于是，随着微博的快速发展，整合微营销将会凭借其固有的营销特点和优势赢得更多媒体与企业的青睐。

第二节 经典案例及评析

一、2014 世界杯，微博看球季

★事件概述：

“金佛山微博看球季”是在“看个球哇”话题得到广泛关注和世界杯球赛开赛的背景下整合各种资源举办的一次微营销活动。2014 年 7 月 5 日—7 月 6 日，由新浪重庆和金佛山景区共同主办的“金佛山微博看球季”在金佛山景区隆重举行。来自民生银行的贵宾客户以及万家雅迪 4S 店的奥迪车主，共计 300 余位球迷报名参加此次活动。

此次微博看球季活动从 7 月 5 日开始一直持续到 7 月 6 日中午，除了观看在 7 月 6 日凌晨进行的两场世界杯球赛，报名的球迷们还可以就近游览金佛山、天星小镇等景点。7 月 5 日一大早已有报名的球迷来到山上签到，不少球迷都是带着全家来参加此次活动，除了看球也想带孩子上山来过一个休闲周末。

当晚凌晨的看球活动在天星两江假日大酒店的户外草坪上举行。现场搭建起了两块巨型投影屏幕，悬挂着各国球队的国旗，球迷观球区右侧是烧烤区，每张桌上都摆放着烧烤、啤酒、小吃等看球必备食品。9 点刚过，球迷们已经穿上世界杯定制 T 恤陆续来到草地上。

晚上 10 点半，重庆经济广播主持人 @DJ 飞飞哥 带领四位足球宝贝跳起最近在网络上爆红的小苹果登场，拉开了此次微博看球季的序幕，而在重庆车展上一战成名的“J 杯妹妹”@孟衍竹 作为客串主持的出现更是让现场出现了一次小高潮。在比赛开始前的一个半小时里，主持人带领现场球迷玩起了趣味游戏，球赛还没开始现场气氛已经十分热烈。凌晨 12 点，阿根廷对战比利时的比赛正式开始，球迷为自己支持的球队欢呼鼓劲，酣畅淋漓的通宵观战一直持续到了第二场比赛结束。

★案例亮点

◆联合企业，追求共赢

“微博看球季”活动加强与旅游业、汽车行业、金融行业、生活行业等异业间的整合，迎合旅游业、汽车行业、金融行业、生活行业的需求，不仅为旅游业提高了人气，提升了转化率，扩大了对金佛山旅游业的宣传，汽车行业加强了对客户的关怀，自驾游活动得以释放；还在金融行业上拓展了新客户，品牌活动得以呈现；而且就生活行业而言有利于品牌的树立和推广，利于受众对产品的体验。“微博看球季”活动与民生银行、奥迪联合开通支付报名渠道，不仅为景区集客，提升转化率，为将来的电商模式试水，而且“金佛山观球季”活动营销的方式在提升新浪重庆自身品牌价值的同时，也为民生银行、奥迪等各企业宣传造势，因此对于企业来说，不仅可以在传统媒体上进行第一轮的宣传，还利用媒体在新浪重庆微博上的知名度和粉丝群，对企业的形象和理念进行了第二轮的宣传。除此之外，更重要的意义在于，通过转发等方式，@新浪重庆 的粉丝可以自然地关注到民生银行、奥迪等企业的微博，并有可能成为企业微博的粉丝。通过这种方式，在无形之间，企业可以获得更多人的关注，为以后利用自媒体进行宣传和营销做铺垫。

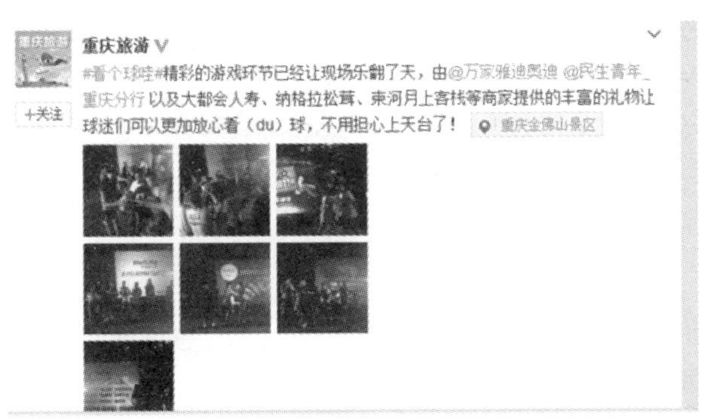

图 6-2

◆建立 VIP 顾客群，实现精准营销

此次观球活动把爱玩爱运动的年轻人、热爱足球的“球迷”以及“球迷”家族作为明确的目标受众，活动过程中，通过户外舞台的精心布置、活动流程的巧妙设计，对市场活动进行专业化设计和把控，以及互联网上通过对“看个球啊”话题的关注人群、转发话题推测出微博用户的兴趣取向，对“球迷”们个人信息进行整合，研究分析出这些潜在消费者的个人信息、行为习惯、兴趣爱好，从而建立更精确的 VIP 顾客群，进行精准营销。

◆制造话题，吸引眼球

在此次整合营销活动，新浪重庆主动制造了话题“看个球哇”，通过多个官方微博账号进行传播与推广，使得更多粉丝关注话题、参与话题。7 月 1 日，新浪重庆旅游频道官方微博 @ 重庆旅游 发起话题“看个球哇”：“# 看个球哇 #【@ 新浪重庆 + 高富帅“包”金佛山看世界杯】7 月 5 日—7 月 6 日，一大波高富帅白富美“包”下金佛山看球赛，超大屏幕、烧烤派对、通宵观战，还有金佛山美景和金杯妹妹 @ 孟衍竹 等“浪星人足球宝贝”！这是你想要的世界杯么，转起！7 月 5 日，金佛山见！@ 民生青年 _ 重庆分行 @ 金佛山旅游 @ 万家雅迪奥迪。”接下来的几天里，该微博持续发布该话题相关微博，为活动提高知名度，聚集人气。活动的大量转发和评论是该话题从微博的海量信息中脱颖而出，抓住了公众眼球。此次整合营销通过“金佛山观球季”活动本身提高了用户对新浪重庆微博的关注度、好感度与黏合度。新浪重庆官方微博发布数据：“【# 点赞重庆 # 微营销大会优秀参选案例！】全方位整合营销哪家强？庆爷带您抢先看！@ 重庆微发布 # 全国政务微博重庆行 # 1.29 亿微博阅读量引巨大反响！@ 重庆南岸供电 猛哥与他的抢修班 MV 广受好评！@ 平安江北 江北警察最美微笑，视频点击超 50 万次！# 看个球哇 # 金佛山草坪看球季，微博阅读曝光量 132 万！”（见图 6-3）

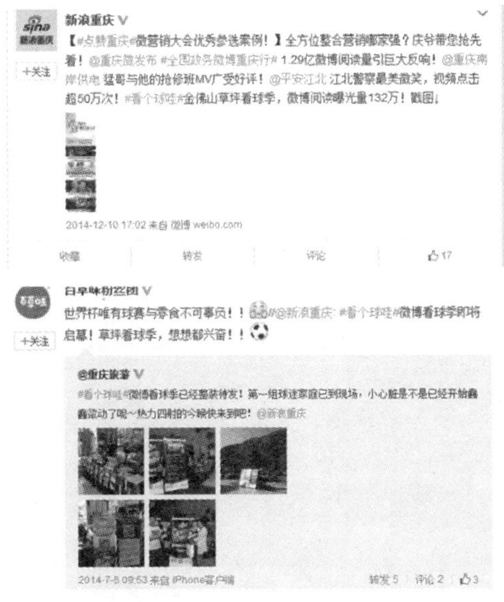

图 6-3

◆联动“大 V”，打响品牌

在此次活动中，重庆经济广播主持人 @DJ 飞飞哥、重庆车展上一战成名的“J 杯妹妹”@ 孟衍竹 等知名度较高的微博“大 V”均参与了活动，以不同的形式对活动进行包装，吸引了众多网友的眼球，聚集了大量的人气，从而提高了新浪重庆宣传观球活动的知名度。晚上 10 点半，重庆经济广播主持人 @DJ 飞飞哥 带领四位足球宝贝跳起最近在网络上爆红的小苹果登场拉开了此次微博看球季的序幕，而在重庆车展上一战成名的“J 杯妹妹”@ 孟衍竹 作为客串主持的出现更是让现场出现了一次小高潮（见图 6-4）。

唐晓糖

+关注

#看个球哇#我这个假球迷，今晚终于看了本届世界杯的第一场球。金佛山的夜太凉爽，全场嗨翻了好么，@飞飞哥 和金杯妹妹的搭档主持，奇彩啊！活动舞台环节结束时，@女超的玩具 和 @不要叫我秋秋月 抱在一起跳了起来，今晚happy的背后，是团队历时1个月的艰苦筹备和付出 重庆金佛山景区

2014-7-6 01:45 来自 iPhone客户端

重庆旅游 V

+关注

#看个球哇#@DJ飞飞哥 带领火热足球宝贝跳起小苹果拉开金佛山微博看球季序幕！而金杯妹妹@孟衍竹 客串主持的出现让现场气氛到达了第一次高潮！@新浪重庆 重庆金佛山景区

2014-7-5 23:00 来自 iPhone客户端

图 6-4

◆结合纸媒，联合运营

为了确保营销的质量，2014 世界杯以“新鲜旅”为主题，线下通过售卖旅游套餐、景区周末行接待和金佛山草坪观球等活动，整合旅游优惠资源，使产品得以大力宣传推广，并获得客户的回馈。同时，活动为金佛山景区年框制定活动方案，与民生银行、奥迪联合开通支付报名渠道，为景区集客，提升转化率，为将来的电商模式试水。然而，好的营销仅仅依靠线下的力量显得比较单薄，于是，线上充分发挥网络传播优势，通过宝贝游景区专题景区宣传和话题制造等进一步对活动进行大力宣传。其中，宣传方式以外广宣传《加油重庆》《重庆青年报》《渝报》等传统媒体进行大幅推广，使得活动得以大力宣传（见图 6–5）。

图 6–5

★案例评析

“2014 世界杯，微博看球季”是新浪重庆策划运营极为成功的整合微营销案例之一，活动效果及客户反响都非常好。新浪重庆“金佛山观球季”活动的贴心服务提高了客户满意度，让来宾从活动细节中感知团队的执行力，在提升新浪重庆自身的品牌价值的同时，提高用户对新浪重庆微博的关注度、好感度与黏合度，也为民生银行、奥迪等企业宣传造势。

作为典型的微博整合营销活动，关键要有持续不断的生命力与强大的网络追随者，问题的焦点要源源不断地推出，让其在短时间内一直闪现在大家的脑海中。因此，网络作为最重要的一个传播媒介，就自身特点来说，需要广大网友受众群体的不断支持与参与。新浪微博是一种参与式媒体，可理解为受众可以第二或第三方的身份加入、融入传播活动的媒体。它改变了传统信息传播过程中受众被动接受信息的行为方式，变被动接受为主动参与。它带来了信息流动方式的多元化，使点对点、点对多、多对多的传播成为可能。在微博传播中，每个人都可能成为一个传播的中心点或者发起点开展连续的传播活动，个人是传播者，是创造信息、制作信息、把关信息和发布信息的主体。

二、四面山猕猴桃节

★事件概述

2012 年国庆节假日期间，全市各区县、各旅游企业推出了 59 项含秋游在内的营销活动，包括横跨国庆节假日的 2014 年重庆山水都市旅游节暨中国重庆城际旅游交易会、首届“重庆·热爱”国际运动音乐节、方特科幻公园魔法节、第六届中国西部动漫文化节、涪陵区乡村旅游季·巴山夜雨旅游景区菊花节、汉丰湖全国城市钓鱼对抗赛、重庆黄水千野草场火棘文化旅游节、长寿菩提山旅游景区开游、铜梁黄桷门奇彩梦园开园和首届乡村文化旅游节暨第五届金秋桂花节、2014 濯水古镇山城啤酒金秋狂欢节、江津四面山猕猴桃节等。

特别是节会活动推出的众多旅游优惠产品吸引了大量市民和游客。“一会一节”期间，市内知名景区与酒店、旅行社、航空公司等上百家旅游企业为市民提供了如抱团优惠、门票机票折扣、餐宿优惠券等旅游优惠产品，让市民和游客尽情分享旅游节会活动盛宴。

于是，首届中国重庆四面山富硒猕猴桃节在老四面山场隆重启幕。游客在 10 月 13 日—10 月 30 日期间购买四面山景区门票即可获赠一张价值 30 元的猕猴桃采摘券 (2 斤)，自驾或乘坐景区观光车就可以抵达采摘区。

为了进一步提升四面山国家级风景区人气，加快国家 AAAAA 级景区打造步伐，带动景区周边群众增收，江津区与重庆市农委联手举办了本届富硒猕猴桃节。江津是全国最大的“长寿之乡”，土壤富硒是江津人长寿的重要原因。而四面山出产的猕猴桃，每千克含硒量高达 0.016 毫克，大大高于富硒水果的标准。加之四面山气候温凉湿润、光照充足、雨量充沛，是全球植被最丰富、水质最纯洁的地区之一，这里出产的猕猴桃真正绿色环保，营养价值极其丰富。目前四面山镇已种植了富硒猕猴桃近 2 500 亩，年产量 500 余吨。

新浪微博通过“四面山猕猴桃节”这个话题吸引了更多的游客带着家人远足郊游。人们在感受秋天丰收的喜悦的同时，也体验了采摘果实的乐趣。

★案例亮点

◆迅速捕捉热点事件，提高活动知名度

如今微博已经成为网民参与社会热点事件评论的重要渠道之一，企业更应该结合社会热点事件来进行微营销。“四面山猕猴桃节”

活动根据当时最流行的“鸟叔骑马舞”，融入四面山景区元素，携手网友，拍摄出一部适合网上流传的四面山 VCstyle 视频。网友通过这个视频既可以了解到四面山猕猴桃节，又可以了解四面山景区及新鲜玩法，一举数得。“四面山猕猴桃节”话题的持续曝光，让四面山猕猴桃节深入人心，同时通过网友对四面山各个景点的亲身体验，将四面山猕猴桃节与四面山景区全面展现在市民面前，在为市民提供四面山攻略的同时，从微营销的多个维度全面推广四面山。

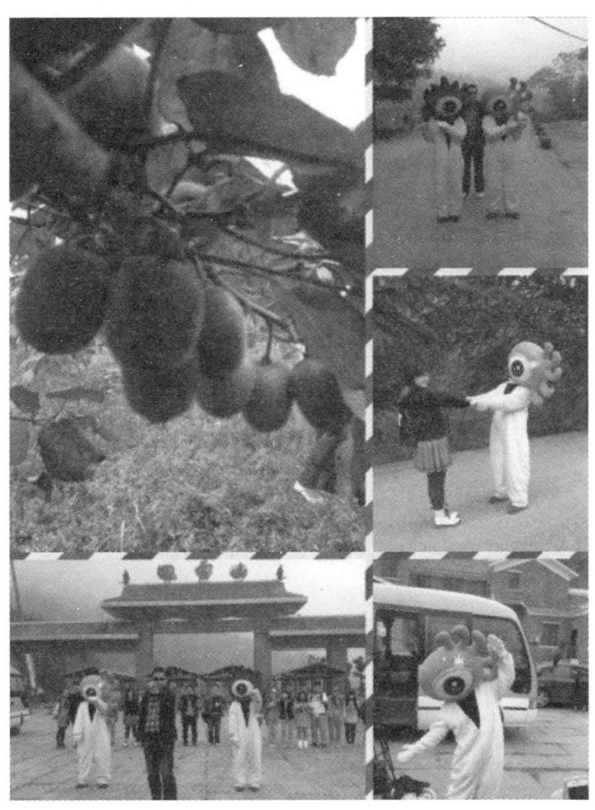

图 6-6

◆与受众进行交流互动，加强关系维护

媒体如果将微博纯粹定义成一个信息传播的平台，就会丧失很多与受众交流互动的机会。在发布新闻时，读者的评论往往只是针对这条新闻，却不会对媒体本身进行评论，这样等于自动屏蔽了受众对媒体自身的反馈信息，而反馈的重要性不言而喻。而在“四面山猕猴桃节”活动中，四面山官方微博联合新浪重庆，发起“不去花果山也能当大王”话题。鼓励网友线上转发与线下拍摄。该活动在线上微博预热阶段征集四面山采摘达人只用了 6 天，被 571 人关注和转发，按一个微博账户有 500 个粉丝来计算，四面山猕猴桃就有 285 500 人关注到，这也实现了四面山首届猕猴桃节需要被广而告之的目的（见图 6–7）。

@重庆旅游 V：#不去花果山也能当大王#【你旅游我买单 全程免费】不要羡慕花果山上的美猴王，跟着我们一起去江津四面山采摘新鲜大个的富硒猕猴桃吧！关注@重庆旅游 @四面山景区官方微博 转发本微博并@ 3位好友，就可报名参加【新鲜旅采摘团】，有机会狂啃美味猕猴桃，美食美景赏不停，快来摆出你的四面山VC style吧!

10月12日 11:50 来自皮皮时光机 转发(571) 评论(378)

沫沫的小坐骑：嗔，4面山就没去过了。这个可以有！@水瓶座小鱼儿 @陈晨er @绵脸爱包子 @聆听回忆过去 @南富小芸 (10月12日 11:51)

转发

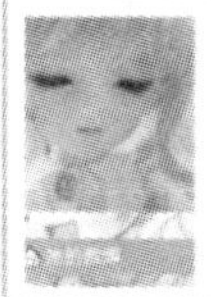

沫沫的小坐骑

273 2689 9310

图 6–7

◆网络名人参与，提高活动影响力

粉丝数量是微博营销的关键，人气是微博营销的基础。微博通过微博达人的影响力，可以很好地吸引博友的眼球，建立人气，正因为达人有较多的微博用户粉丝，因此通过微博达人可以达到理想的传播效果。例如，@ 周飞 OoO 在微博中，全程发布了本次四面山猕猴桃采摘的全过程，让网友全面了解到四面山猕猴桃节以及四面山新玩法。该用户粉丝 2 028 人，因此江津四面山猕猴桃节信息被 2 028 人接收到，产生的影响力较大。微博用户 @ 陈辰 er 拥有 20 000 个粉丝，同样是认证资深用户。他通过微博对四面山采摘猕猴桃的活动进行了全程报道，让网友全面了解四面山猕猴桃节以及四面山新玩法（见图 6-8）。

图 6-8

★案例评析

“四面山猕猴桃节”是四面山官方微博联合新浪重庆极为成功的整合微营销案例之一，活动效果非常好。前期通过 1 529 个微博网友的分享，约 764 500 人看到了江津四面山猕猴桃节的内容。加上微博“大 V”账号转发覆盖的约 13 万人，总计约 100 万人覆盖。再通过新浪重庆在新浪网和新浪重庆上的传播的新闻报道，覆盖面超过 600 万人。

◆充分利用网络媒体，打造新型营销模式

四面山官方微博联合新浪重庆，发起“四面山 VC style”话题，新浪重庆对“四面山猕猴桃节”活动全程新闻高度曝光（见图 6–9）。活动持续期间，新浪网对活动进行全程采访报道，其中包括：重要

节点，新浪重庆全程新闻支持；其他节点，四面山景区提供相应活动信息及稿件，新浪重庆配合发稿。具体的联合形式包括：①在新浪首页重庆新闻资讯推荐 4 天，新浪首页 IP 定向每天重庆浏览量高达 800 万，pv 高达 8 000 万。②新浪网首屏图片按钮五轮播 2 天，新浪首页 IP 定向每天重庆浏览量高达 800 万，pv 高达 8 000 万。③新浪网新闻首页顶部通栏 2 天，新浪新闻首页 IP 定向每天重庆浏览量高达 1 200 万，pv 高达 12 000 万。④新浪重庆首页新闻资讯推荐 6 天，新浪重庆每天重庆浏览量高达 120 万，pv 高达 800 万。⑤新浪重庆首页旅游推荐 20 天。⑥新浪重庆旅游频道焦点图推荐 10 天。⑦新浪重庆旅游频道新鲜旅明信片推荐 4 周。⑧新浪重庆旅游频道旅游图片推荐 20 天。⑨新浪重庆新鲜旅专题推荐 20 天。⑩新浪重庆将官博大账号全程支持活动，对本届猕猴桃节重要节点进行微博实时播报，向 800 万新浪重庆微博用户推送首届四面山猕猴桃节最新资讯。

T 新鲜旅计划
ravel plans

你旅游我买单 不去花果山也能当大王

活动时间：10月12日～10月19日

新鲜旅微群 更多>>

- 超高清重庆高速公路交通地图 出游必看
- 吃喝玩乐6日游 时间不长照样玩遍重庆
- 老城记忆：重庆十八梯 你还在等我么
- 看重庆主城适合骑车的地方 不烧汽油烧边油
- 重走一回青春！揭秘《北京青年》拍摄地

新鲜旅直播 更多>>

@重庆旅游：你旅游我买单 不去花果山照样当大王

@重庆旅游：驾车游南山发微博 比拼最省油路线

旅游推荐

四面山的VC Style...

青春记忆 重庆高校六大“情人坡”

- 第三届麻将世锦赛 小老板封“雀神”
- 又到三峡红叶时 巫山红遍層林尽染

不去花果山 也能当大王

酒店推荐 更多>>

@重庆旅游：你旅游我买单 不去花果山照样当大王

@重庆旅游：驾车游南山发微博 比拼最省油路线

@重庆旅游：重庆十八梯 你还在等我么

新鲜旅明信片
新鲜旅人

sina 新浪重庆 旅游
活动预告
最近南山

P 旅游图片
icture

//@新浪重庆：【你旅游我买单 全程免费】赶紧来报名参加【新鲜旅采摘团】，有机会狂嗨美味猕猴桃，美食美景赏不停，快来摆出你的四面山VC style吧！

@重庆旅游 V：#不去花果山也能当大王#【你旅游我买单 全程免费】不要羡慕花果山上的美猴王，跟着我们一起去江津四面山采摘新鲜大个的富硒猕猴桃吧！关注@重庆旅游 @四面山景区官方微博 转发本微博并@ 3位好友，就可报名参加【新鲜旅采摘团】，有机会狂嗨美味猕猴桃，美食美景赏不停，快来摆出你的四面山VC style吧！

//@渝小惧：不要羡慕花果山上的美猴王，跟着我们一起去江津四面山采摘新鲜大个的富硒猕猴桃吧！【新鲜旅采摘团】有来啦！

@重庆旅游 V：#不去花果山也能当大王#【你旅游我买单 全程免费】不要羡慕花果山上的美猴王，跟着我们一起去江津四面山采摘新鲜大个的富硒猕猴桃吧！关注@重庆旅游 @四面山景区官方微博 转发本微博并@ 3位好友，就可报名参加【新鲜旅采摘团】，有机会狂嗨美味猕猴桃，美食美景赏不停，快来摆出你的四面山VC style吧！

//@重庆嘿好吃：报名参加【新鲜旅采摘团】，有机会狂嗨美味猕猴桃，美食美景赏不停，快来摆出你的四面山VC style吧！

@重庆旅游 V：#不去花果山也能当大王#【你旅游我买单 全程免费】不要羡慕花果山上的美猴王，跟着我们一起去江津四面山采摘新鲜大个的富硒猕猴桃吧！关注@重庆旅游 @四面山景区官方微博 转发本微博并@ 3位好友，就可报名参加【新鲜旅采摘团】，有机会狂嗨美味猕猴桃，美食美景赏不停，快来摆出你的四面山VC style吧！

//@重庆时尚购物：#不去花果山也能当大王#@重庆旅游 带你一起免费旅游啦！不要羡慕花果山上的美猴王，一起去江津四面山采摘新鲜大个的富硒猕猴桃吧！

@重庆旅游 V：#不去花果山也能当大王#【你旅游我买单 全程免费】不要羡慕花果山上的美猴王，跟着我们一起去江津四面山采摘新鲜大个的富硒猕猴桃吧！关注@重庆旅游 @四面山景区官方微博 转发本微博并@ 3位好友，就可报名参加【新鲜旅采摘团】，有机会狂嗨美味猕猴桃，美食美景赏不停，快来摆出你的四面山VC style吧！

图 6-9

◆与受众进行互动，整合资源全面营销

通过微博进行全面预热与推广，让网友自主转发活动微博，网友需要做的，是线上转发与线下拍摄。该活动线上微博预热阶段征集四面山采摘达人只用了 6 天，被 571 人关注和转发，按一个微博账号有 500 个粉丝来计算，四面山猕猴桃就有 285 500 人关注到，这也满足了四面山首届猕猴桃节需要被广而告之的目的。用户在微博中，表达了想去四面山的愿望，并 @ 5 位好友，将四面山猕猴桃节传播出去。该用户粉丝 2 689 人，即江津四面山猕猴桃节信息被 2 689 人接收到。同时，从该用户的微博上可以看出，该用户为旅游类黄金达人，是优质达人，能精准地将传播内容传送出去（见图 6–10）。

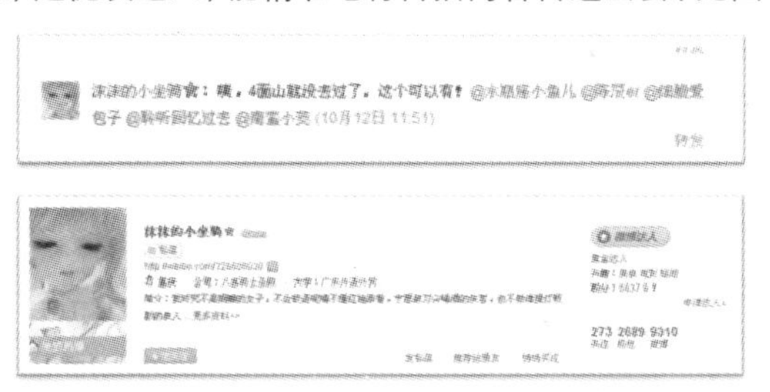

图 6–10

该活动在四面山 VC 之旅后期推广上征集四面山采摘达人只用了 3 天，被 957 人关注和转发，按一个微博账号有 500 个粉丝来计算，四面山猕猴桃就有 478 500 人关注到（见图 6–11）。同时，通过氛围营造，让网友感受到猕猴桃节的温馨与喜悦之情，从而带动微博分享。让四面山旅游在网友心中产生印象，以便下次销售的转化。

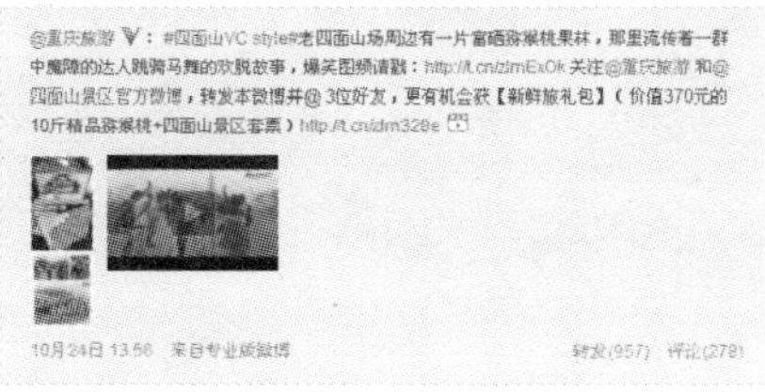

图 6–11

线下，主要采取视频拍摄的方式。到达四面山后，组织网友拍摄四面山 VC 大片“四面山 VC style”，让时下最流行的江南 stlye 走进四面山，引爆线上关注，从而更好地进行营销。“四面山猕猴桃节”活动持续曝光，让四面山猕猴桃节深入人心，同时通过网友对四面山各个景点的亲身体验，将四面山猕猴桃节与四面山景区全面展现在市民面前，为市民提供四面山攻略的同时，有利于更好地推广四面山。

三、在重庆爱上比利时

★事件概述

比利时是世袭君主立宪制国家，在远古的传说里，骑士在神秘的古堡迷宫花园里寻找恶龙的宝藏，并解救美丽的公主。2014 年 5 月 10 日，由重庆新浪、比利时法兰德斯旅游局、英利国际广场、重庆二俩动漫合力呈现的 # 在重庆爱上比利时 # 盛大“英利—比利时文化嘉年华”活动在重庆大坪英利国际广场举行。最狂欢嘉年华系列活动包括：参展画家分享沙龙、@ 亦邻《带孩子一起玩吧》艺术沙龙、奥黛丽赫本观影会、花农女手绘分享沙龙、@ 伟大的扫把 @kasdindo @ 瓜 – 几 – 拉 @ 呀呀 YYY 线上微访谈等。“英利—比利时文化嘉年华”活动让消费者不出重庆，就能全方位立体感受比利时的浓情魅力。在嘉年华期间，市民可以前往英利国际广场，品尝地道比利时美食，参观异域风情的创意集市，参与古堡寻宝等活动。此次嘉年华的最大亮点为持续两周的“在重庆爱上比利时”主题画展。本次画展将展出四位国内知名的青年插画师 @ 伟大的扫把 @kasdindo @ 瓜 – 几 – 拉 @ 呀呀 YYY 的超过一百幅绘画作品，这些绘画都取材自她们旅行比利时的所见所闻所悟。四位插画师用一个夏天的时间旅行比利时，并把旅行中的绘画作品集结成《我们的夏天 · 比利时》一书。而在画展期间，市民不仅可以通过这些画了解到比利时的风土人情，还可以在开幕式当天举办的分享会上与画家们近距离接触，了解她们的旅行故事。嘉年华期间，众多比利时知名品牌及特产汇集英利国际广场，浓厚的异域风情，亲民的商品价格，让消费者和比利时有了一次真正的零距离接触！除了丰富的活动，主办方还将以不同的形式派送丰厚礼品。在新浪微博 @ 渝小浪 发起“在重庆爱上比利时”话题互动，网民参与线上互动将有机会赢取特色好礼！嘉年华活动期间，凡在英利国际广场单日消费满 200 元，即可参与抽奖活动。

★案例亮点

◆多平台联合，全方位发布信息

新浪重庆与其他平台开展合作，通过整合平台优势进行营销的方式在提升媒体自身品牌价值的同时，也为其他平台宣传造势，因此对于企业来说，这也是一种赞助营销。虽然看起来这种方式和以往媒体举办的活动并没有太大区别，但在社会化媒体发达的时代，整合营销和赞助营销发挥的效果却远远超过以往。“在重庆爱上比利时”新浪重庆联合比利时法兰德斯旅游局以及重庆最热门商圈之一的英利国际广场，三大平台强强联合，在带给重庆市民一场融合趣味性、教育意义的大型比利时文化嘉年华的同时，对“在重庆爱上比利时”话题也进行了大力推广（见图 6–12）。

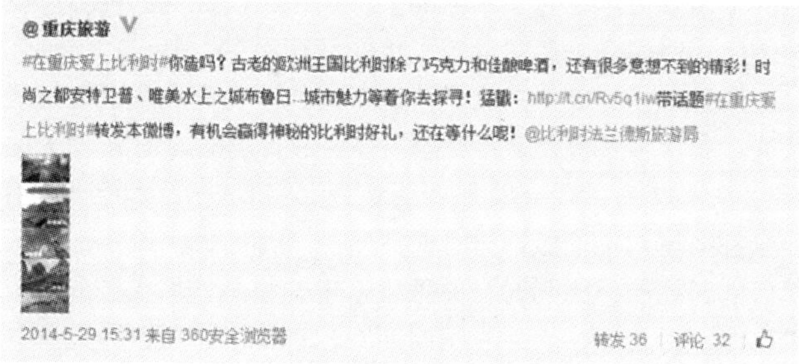

@重庆旅游 V

#在重庆爱上比利时#你造吗？古老的欧洲王国比利时除了巧克力和佳酿啤酒，还有很多意想不到的精彩！时尚之都安特卫普、唯美水上之城布鲁日…城市魅力等着你去探寻！猛戳：http://t.cn/Rv5q1iw带话题#在重庆爱上比利时#转发本微博，有机会赢得神秘的比利时好礼，还在等什么呢！@比利时法兰德斯旅游局

2014-5-29 15:31 来自 360安全浏览器　　转发 36 | 评论 32 |

图 6–12

◆线上线下结合，促进资源整合

持续三周线上推广与线下活动有机结合,始终保持活动高热度。

线下准备：以图文形式展示比利时的著名景点和美食艺术，以四位插画师 @ 伟大的扫把 、@Kasdindo 、@ 呀呀 yyy、@ 瓜 – 几 – 拉 旅行比利时为缘起，策划比利时嘉年华 ，整合英利国际广场为活动进行免费落地与线下执行 ，联系比利时品牌及特色商家现场布展，丰富线下活动形式，提高现场人气。

线上传播：将专题页与微博传播双向打通，网友可通过专题、微博参与网上互动，形成二次传播。运营资源及市场资源的充分调动，最大限度地提高传播效果。三大领域全方位推广宣传，微博联动，新浪重庆与新浪网联合推广，在活动期间仅活动话题就达到 323.8 万人的覆盖率（6–13）。

图 6–13

专题上线，以制作趣味专题，以浮动小岛对比利时信息进行定制化清楚展示；融入流行的疯狂猜图游戏，增加两大部分贯穿性设计，线上专题及微博多资源位推广转发提高热度，网络有专题趣味性和互动性，吸引网友参与；以丰富的礼品刺激网友参与专题互动，提升微博转发量和传播效果。5 月 6 日，微博推广开始，@ 重庆旅游 首发，@新浪重庆、@渝小浪、@渝小淘、@重庆嘿好吃 矩阵转发。活动可通过转发种子微博或专题互动两种方式参与。

◆多种媒体手段相结合，实现优势互补

新浪重庆立体式营销

微博的立体化营销是以微博为纽带，整合各种营销手段和各种营销资源，将企业的营销信息遍布在各个角落。共有四种渠道进行推广：①持续三周的丰富线下活动，物料大量露出；②新浪微博立体式覆盖；③新浪首页专题 + 广告呈现；④新浪重庆新闻报道跟进。

派发礼品，抽奖促销

抽奖促销是网上应用较广泛的促销形式之一，是大部分网站乐意采用的促销方式。抽奖促销是以一个人或数人获得超出参加活动成本的奖品为手段进行商品或服务的促销，微博抽奖活动主要附加于调查、产品销售、扩大用户群、庆典、推广某项活动等。除了丰富的活动，新浪重庆也将以不同的形式派送丰厚礼品。新浪微博 @ 渝小浪 发起“在重庆爱上比利时”话题互动，参与线上互动将有机会赢取特色好礼；在嘉年华活动期间，凡在英利国际广场单日消费满 200 元，即可参与抽奖活动，“摘啤酒王桂冠，赢比利时双飞”在闭幕式上进行。派发礼品、抽奖等营销方式能吸引更多的受众，从而使他们对活动及新浪重庆有了更高的信任度。

加强品牌营销

媒体或企业运用微博营销加强品牌经营，通过一系列广告从而